Michael Strübel (Hrsg.)

Politische Theorie und Staatswissens

Erfurter Beiträge zu den Staatswissenschaften

UNIVERSITÄT ERFURT

Herausgegeben
von
Frank Ettrich, Arno Scherzberg,
Gerhard Wegner

Heft 8

W DE G
RECHT

De Gruyter Recht · Berlin

Politische Theorie und Staatswissenschaften

Herausgegeben
von
Michael Strübel

W DE G
RECHT

De Gruyter Recht · Berlin

Dr. phil. *Michael Strübel*,
Professor für Internationale Beziehungen an der Universität Erfurt

Gedruckt auf säurefreiem Papier,
das die US-ANSI-Norm über Haltbarkeit erfüllt.

ISBN 978-3-89949-478-5

Bibliografische Information der Deutschen Nationalbibliothek

Die Deutsche Nationalbibliothek verzeichnet diese Publikation in der Deutschen Nationalbibliografie; detaillierte bibliografische Daten sind im Internet über http://dnb.d-nb.de abrufbar.

Printed in Germany

Konvertierung/Satz: Werksatz Schmidt & Schulz GmbH, Gräfenhainichen
Umschlaggestaltung: Christopher Schneider, Berlin
Druck: AZ Druck und Datentechnik GmbH, Kempten
Binderarbeiten: Industriebuchbinderei Fuhrmann GmbH & Co. KG, Berlin

Inhalt

Vorwort

Es bedarf eines besonderen Anlasses, wenn eine Fakultät in ihrer Buntheit, terminologischen und fachwissenschaftlichen Ausdifferenzierung zu einem Kolloquium zusammenkommt. Diesmal war der Anlass sich zu treffen, Vorträge zu präsentieren und sich der kollegialen Disputation zu stellen, allerdings eher ein „trauriger". Der Grund der Zusammenkunft war die Ehrung des verstorbenen Kollegen Arno Waschkuhn in der Form eines wissenschaftlichen Kolloquiums. Es ging vordringlich darum, sein produktives wissenschaftliches Werk zu würdigen und unter neuen Blickwinkeln, Ideen und Erfahrungen vorzustellen. Das Themenspektrum der Politischen Theorie in seinem Œuvre war umfangreich, wie die Titel seiner Monographien zeigen: Partizipation und Vertrauen, Systemtheorie, Subsidiarität, Demokratietheorien, Kritischer Rationalismus und Kritische Theorie, Politische Utopien, Regimebildung und Netzwerke. In seinem zuletzt erschienenen Band „Denationalisierung und zivile Tugenden" (2006) fasste er die Summe seiner politiktheoretischen und sozialphilosophischen Forschungsarbeiten zusammen. Zentral ist das Anforderungsprofil ziviler Tugenden, sei es aufgrund institutioneller Erfordernisse, sei es aus Gründen, eine gute Ordnung zu befördern, sei es, um die Defizite der Souveränitätsabgaben im Zeitalter moderner Staatlichkeit auszugleichen.

Das Modell einer Politik, die auf den Einzelstaat rekurriert, ist anachronistisch geworden. Aber auch einer Globalisierungseuphorie wird zunehmend kritischer begegnet, da in ihr soziale Gerechtigkeit, grundlegende Rechts- und Demokratieerfordernisse sowie die Wahrung der Menschenrechte defizitär sind. Aus diesem Grund begann Waschkuhn, die Argumentationsfigur der amerikanischen Gerechtigkeitstheoretiker und der Kommunitaristen zu verknüpfen mit europäischen Universalisten und Anhängern einer kosmopolitischen Demokratie. Im Rahmen dieses „overlapping consensus" in nicht-religiöser oder eschatologischer Ausrichtung entwickelte er seine Lehre von zivilen Tugenden. Sie sollen sich dem liberalen Republikanismus ebenso verpflichtet sehen wie dem normativen Individualismus.

Darauf eingehend, aber auch darüber hinausgehend sind die ersten drei Beiträge zu betrachten. Sie beschäftigen sich mit Aspekten der Globalisierungsdiskussion, diesmal aus anderen Perspektiven als der Mainstream der kaum noch zu überschauenden Fachliteratur. Walter Reese-Schäfer versucht das Thema der Verantwortungslast im Globalisierungsprozess mit den Aspekten und wirtschaftsliberalen Theorien der Fairness im Umgang der Wirtschaftssubjekte, menschlichen Freiräumen im Sinn der Lebensqualität und den psychosozialen Seiten der Überforderung zu kombinieren. In den nächsten beiden Aufsätzen wird eine Kontroverse zwischen Staatswissenschaft und Politikwissenschaft deutlich, in der es vor allem um den Souveränitätsbegriff und Formen moderner Staatlichkeit geht. Manfred Baldus entwickelt anhand des Begriffs von innerer Sicherheit, Gewaltmonopol des Staates und der Abwehr einer durch das Europarecht geförderten Aushöhlung souveräner Staatlichkeit seine Kritik an einer Aufgabe exklusiver Souveränitätsvorgaben, vor allem an neugeschaffenen exekutiven EU-Institutionen. Er wendet sich gegen die These von der Internationalisierung des Nationalstaats und warnt vor einer unkontrollierbaren Fremdnutzung oder Aufgabe des staatlichen Gewaltmonopols. Weniger als Abgrenzung politikwissenschaftlicher Diskussionen, sondern als eine kontroverse, bisweilen von Skepsis gezeichnete Darstellung der Globalisierungs- und Governance-Theorien ist der eigene Beitrag konzipiert. Die Gegenüberstellung der Staatsfunktionen, die Denationalisierung von Politikbereichen, aber auch die Diskussion der Legitimationsebene von demokratischer Willensbildung und politischer Macht, auch der Nicht-Regierungsorganisationen, bleibt weiterhin ein Thema. Dies gilt für die Klassiker der politischen Theorie ebenso wie für ihre Bedeutung bei der Schulenbildung. So nimmt sich Jürgen Backhaus Eric Voegelin vor und untersucht dessen Rolle als Architekt eines Netzwerks, als Initiator von wissenschaftlichen Projekten, Institutionen und Stiftungen sowie die Wirkung seiner Weltsicht für die Politikwissenschaft und Politikberatung. Nach einer umfassenden Presseanalyse der Jahre 2006/2007 kommt Backhaus auf den genannten drei Ebenen zu einer Beurteilung der ideologischen Wirkungen, hier: auf die Neokonservativen der George W. Bush-Regierungen.

Weiter zurück zu den Ursprüngen der Politischen Theorie geht Karl-Heinz Breier mit seinen Fragestellungen nach der Freiheit als Lebensweise, dem Umgang mit Verfassung und Ämtern einer Bürgerordnung, beginnend mit Aristoteles bis zur Gegenwart. Die Suche nach dem Kern des Politischen bei K. Jaspers, R. Rorty, C. Barber und anderen, beginnt und endet bei Hannah Arendt. Ihre Position, Demokratie und Wirtschaftssystem zu trennen, die Lebensweise der Freiheit, die Bürgerordnung als Kern des Politischen zu interpretieren, erscheint richtungweisend. Mit und gegen Aristoteles argumentiert Alexander Thumfart in seinem Beitrag. Vor allem die methodischen Ansprüche einer monopolähnlichen Stellung der Politikwissenschaft stoßen im Zeitalter des Methodenpluralismus auf Widerspruch. Für das eigene Fach wird letzteres als Vorteil gesehen, erweitert es doch die Bandbreite der Anschlussfähigkeit. Die Heterogenität der Politik und die Vielzahl der Erwartungen fordern die Interdisziplinarität zusätzlich heraus, kognitiv wie auch im Hinblick auf Wahrheitsfindung und praktische Wahrnehmbarkeit. Zum Ende des wissenschaftlichen Ehrenkolloquiums nimmt sich Helge Peukert der Politischen Utopien im Wandel der Zeit an. Für das Werk von Arno Waschkuhn war dies über fast zwei Jahrzehnte in Forschung und Lehre ein Gebiet, das über den üblichen Themenkanon hinausreichte. In dem Schlussbeitrag führt Peukert einiges zusammen, was die politische Theorie weiterhin beschäftigen wird: der Utopieverlust, die Ausformung einer liberal-zivilgesellschaftlichen aktiven Bürgergesellschaft, die Tendenz der Versteinerung und Veränderungsunfähigkeit einmal etablierter Elemente von Utopien.

Am Ende stehen Fragen für die weitere Forschung im Sinn der politischen Theorie in den Sozial- und Staatswissenschaften. Hiermit wird aus methodisch unterschiedlich aufgebauten Beiträgen eine inhaltlich systematisch argumentierende Vielfalt präsentiert. Sie steht für sich, aber auch für die Inspiration, die sich aus dem wissenschaftlichen Werk Arno Waschkuhns ergibt.

Erfurt, Frühjahr 2008 Michael Strübel

Globalisierungsdruck und Verantwortungslast

Zum Gedenken an Arno Waschkuhn

Walter Reese-Schäfer

Einleitung

Arno Waschkuhn habe ich Mitte der 80er Jahre kennengelernt, und zwar war er Mitglied und turnusmäßig auch Vorsitzender einer Vereinigung sozialdemokratischer Universitätsdozenten, Hochschullehrer und Studenten, die sich „Hochschulinitiative demokratischer Sozialismus" nannte und deren gemeinsamer Kern vor allen Dingen darin bestand, dem vorherrschenden Einfluss der verschiedensten spätkommunistischen Gruppen und Organisationen an westdeutschen Universitäten theoretisch etwas entgegenzusetzen. Diese Organisation besteht bis heute und hat auch ihren Namen beibehalten, obwohl die PDS einige Jahre lang das Etikett des demokratischen Sozialismus sich angeeignet hatte und eine Klage dagegen wegen des Parteienprivilegs aussichtslos gewesen wäre. Die Zeitschrift, die diese Hochschulinitiative bis heute herausgibt, heißt übrigens „Perspektiven des demokratischen Sozialismus" und kürzt sich ironischerweise mit pds ab, obwohl es sich um eine strikt antistalinistische Gründung gehandelt hat. Diese Organisation ist immer klein und fein geblieben, und es hat sich auch herausgestellt, dass weniger der demokratische Sozialismus, sondern vielmehr die Demokratie das Gegenkonzept gegen den Staatssozialismus gewesen war. Inzwischen werden in dieser Initiative längst Fragen der Globalisierung und der internationalen Politik diskutiert.

Die Themen, die Arno Waschkuhn seit damals in seinem Büchern behandelt hat, entsprachen sehr genau auch den Inhalten meiner vordringlichen Beschäftigung: Kritische Theorie, Politische Utopien, Kritischer Rationalismus (dieser war besonders wichtig als Grundlage einer Stalinismuskritik), Subsidiaritätsprinzip, Demokratietheorien, Pragmatismus. Kritik, Rationalismus, Pragmatismus, aber immer mit einem Blick auch auf Utopien oder auf jene Soziallehren der Subsidiarität, die in der Gestaltung der europäischen Union eine so wichtige orientierende Rolle spielen.

Weder Arno Waschkuhn noch mir ging es je darum, eine private Theoriekonzeption zu entwickeln, auch wenn wir immer unsere Freude daran hatten, auch solche Überlegungen zu entwickeln, die von anderen – je nach Temperament – als anregend oder aber auch als abweichend und daher provozierend empfunden wurden. Aber insgesamt fügte sich dieses Denken in ein Gesamtkonzept, das ich etwas abstrakt, aber dafür am ehesten zutreffend als eine Art sozial orientiertes, kommunitarisches Konzept der offenen Gesellschaft kennzeichnen würde. Aus dieser Perspektive will ich auch ein paar kritische Worte zu einigen Grundproblemen unserer gegenwärtigen Globalisierungsdebatten sagen, und ich hoffe, Sie werden es mir nachsehen, wenn angesichts der Tatsache, dass wir eines verstorbenen Kollegen gedenken, der noch viel dazu zu sagen gehabt hätte, bei mir heute nicht die optimistischen, sondern die kritischen, die problematisierenden, die schwarzen Gedanken ein wenig überwiegen.

1. Selbstverantwortung

Seit die Globalisierungsdiskussion auf breiter Front eingesetzt hat, wird auch der Begriff der Selbstverantwortung oder Eigenverantwortung inflationär benutzt. Verantwortung gilt immer als gut; es kommt nur darauf an, sich zu ihr zu bekennen und ihr gerecht zu werden.

Wenn Verantwortung aber in Wirklichkeit eine Last und eine Zumutung wäre, die nicht auf dem inneren freien Wunsch und Willen zu einem selbstbestimmten Leben basiert, sondern dem Individuum von einem ökonomisch-politischen System auferlegt wird, weil dieses sich so seinerseits von allen systemischen Verantwortlichkeiten entlasten kann? Die Verantwortung für Misserfolge und Scheitern wird individualisiert, wird dem Individuum als dessen Risiko zugeordnet. Die Individuen versuchen sich zu wehren, indem sie die Verantwortung zurückdelegieren: im Falle von Naturkatastrophen durch mehr oder weniger plausible, aber auf jeden Fall komplexe Konstruktionen, denen zufolge der Staat nicht rechtzeitig gewarnt, vorgesorgt etc. hätte, im Falle von wirtschaftlichen Misserfolgen durch den Ruf nach Regulierung und Zähmung von Konkurrenzprozessen, die das Scheitern von Firmen und dadurch Katastrophen im Lebensschicksal der Mitarbeiter vermeiden sollen. Adressat der verantwortungsentlastenden Forderungen ist durchweg also die politische Sphäre, die sich auch besonders gern mit dem Verantwortungsbegriff dekoriert.

Wir als Politikwissenschaftler kritisieren gerne die Bürger, die dem Staat zuviel aufhalsen wollen; wir müssten aber genauso die Politiker kritisieren, die ständig von Verantwortung reden und ihre besondere Verantwortlichkeit als Selbstlegitimationsstrategie reklamieren.

In der ökonomischen Theorie wird der Verantwortungsbegriff sehr viel weniger emphatisch als in der bekenntnishaften Sphäre der Politik oder gar der Philosophie verwendet. Paradigmatisch erscheint mir die Analyse des Verhältnisses von Freiheit und Verantwortung, wie sie Friedrich August von Hayek vorgelegt hat. Anfang der 60er Jahre des 20. Jahrhunderts konstatiert er, dass Verantwortlichkeit unpopulär geworden und zugleich mit einer Furcht vor der Freiheit verbunden sei, da Freiheit und Verantwortlichkeit notwendig aufeinander angewiesen seien.

Hayek definiert als Zweck der Zuschreibung von Verantwortung, einen Menschen „anders zu machen als er ist oder sein könnte."[1] Der ökonomische Sinn dieser Verantwortungsauferlegung ist die Disziplinierung – das hat Hayek ähnlich wie und kurz vor Michel Foucault[2] mit geradezu Nietzscheanischer Deutlichkeit formuliert: „Die Notwendigkeit, selbst einen Bereich nützlicher Arbeit, einen geeigneten Beruf zu finden, ist die härteste Disziplin, die uns eine freie Gesellschaft auferlegt."[3]

Dabei geht es weniger um Fähigkeiten und Begabungen als vielmehr um die erfolgreiche Vermarktung: „Es gehört zum Wesen einer freien Gesellschaft, dass Wert und Entlohnung eines Menschen nicht von den Fähigkeiten als solchen, sondern von deren erfolgreicher Verwendung in konkreten Dienstleistungen abhängen, die für andere nützlich sind, die sie entgelten können."[4] Darüber hinaus kommt es auch auf die Eigenwerbung und Eigenvermarktung an:

> „So fähig ein Mann in einem speziellen Gebiet sein mag, der Wert seiner Leistungen ist in einer freien Gesellschaft notwendig gering, wenn er nicht auch die Fähigkeit besitzt, sein Können jenen zur Kenntnis zu bringen, die den größten Vorteil daraus ziehen können. Obwohl es unseren Gerechtigkeitssinn verletzen mag zu sehen, dass von zwei Menschen, die mit gleichem Fleiß dasselbe Fachwissen und Können erworben haben, der eine Erfolg und der andere Misserfolg hat, müssen wir anerkennen, dass es in einer freien Gesellschaft die Ausnützung bestimmter Gelegenheiten ist, die die Nützlichkeit bestimmt, und wir müssen die Erziehung und unser Ethos entsprechend berichtigen."[5]

Das Spannungsverhältnis von Freiheit und Gerechtigkeit blitzt an dieser Stelle schon auf. Freiheit im Sinne Hayeks (und Nietzsches) ist die Freiheit zur Ungerechtigkeit und durch Ungerechtigkeit.

---

[1] Hayek 1991, S. 94.

[2] Hayeks „Verfassung der Freiheit" erschien englisch zuerst 1960; Foucaults Wahnsinn und Gesellschaft 1961, Die Geburt der Klinik 1963, Die Ordnung der Dinge 1966, Überwachen und Strafen 1975.

[3] Ebenda, S. 99.

[4] Ebenda, S. 100.

[5] Ebenda, S. 101.

„Eine freie Gesellschaft kann nicht mehr bieten als eine Gelegenheit, eine geeignete Stelle zu suchen, mit all dem Risiko und der Ungewissheit, mit dem die Suche nach einem Markt für die eigenen Fähigkeiten verbunden ist.“[6] Konsequenterweise kommt Hayek zu dem Schluss, dass wir in der Vermarktung unserer eigenen Fähigkeiten alle Unternehmer sind, und dass die erfolgreiche Nutzung der unternehmerischen Begabung die am höchsten entlohnte Tätigkeit in einer freien Gesellschaft ist.

Sehr einleuchtend beschreibt Hayek die mit diesem Ethos verbundenen Freiheitsillusionen – denn es geht keineswegs nur um die reale Entscheidungs- und Willensfreiheit, auf welche die Verantwortungszuschreibung notwendig angewiesen ist, sondern auch um die Erzeugung einer Verantwortungsillusion: „Obwohl die Überzeugung eines Mannes, dass alles, was er erreicht, ausschließlich seinen Anstrengungen, seinem Können und seiner Intelligenz zu verdanken ist, zum großen Teil falsch sein kann, ist sie geeignet, die günstigste Wirkung auf seine Energie und seine Umsicht auszuüben.“[7] Diese pragmatistische Vorstellung von Freiheit als nützlicher Illusion hat etwas ausgesprochen Nietzscheanisches: Dort heißt es in der „Götzendämmerung“: „Überall, wo Verantwortlichkeiten gesucht werden, pflegt es der Instinkt des Strafen- und Richten-Wollens zu sein, der da sucht. Man hat das Werden seiner Unschuld entkleidet. (...) Die Menschen wurden ‚frei‘ gedacht, um gerichtet, um gestraft werden zu können – um schuldig werden zu können.“[8] Im ökonomischen Konkurrenzprozess geht es jedoch nicht um Schuld versus Unschuld, sondern um Erfolg oder Misserfolg. Der hierfür zuständige Verantwortungstypus liegt jenseits der Gerechtigkeit.

Hayek erörtert am Schluss seiner Analyse des Verantwortungsbegriffs das Erfordernis seiner Begrenzung: Verantwortung für den Einzelnen sollte sich nur auf das erstrecken, was er selbst beurteilen und beeinflussen kann. Mit diesem Argument wendet er sich gegen Vorstellungen von kollektiver Verantwortlichkeit und vor allem von sozialer Verantwortung. Bei ihm fehlt jedoch vollkommen der Gedanke, dass nicht jeder eine Unternehmerpersönlichkeit sein kann und dass die Anforderung, die eigenen Fähigkeiten zu vermarkten, selbst für Begabte eine Überforderung darstellen kann. Bei Personen, die bestimmte Fähigkeiten in besonderem Maße zu entwickeln, zu verfeinern und auszudifferenzieren in der Lage sind, lässt sich dieses Problem durchaus noch auf dem Weg der Arbeitsteilung lösen, weil mit der Vermarktung ihrer Fähigkeiten auch höhere Ein-

---

[6] Ebenda.

[7] Ebenda, S. 101 f.

[8] Nietzsche 1980, S. 95.

kommenschancen verbunden sind: deshalb pflegen Tennisstars oder Autorennfahrer für den Zweck der Vermarktung auf Manager zurückzugreifen, die dafür einen nicht unerheblichen Teil der Einnahmen erhalten. Diese arbeitsteilige Vermarktung allerdings scheint für die breite Masse nicht oder nur sehr schwierig organisierbar zu sein: Die Personalserviceagenturen der neuesten Arbeitsmarktreformen waren ganz offenbar ein bislang weitgehend scheiternder Versuch in dieser Richtung.

Ein weiterer Punkt kommt hinzu. Die hektische Suche nach Gelegenheiten, die eigenen Fähigkeiten gewinnbringend einzusetzen, muss nicht notwendigerweise den individuellen ökonomischen Präferenzen entsprechen. Ein Beispiel aus idyllischeren Zeiten mag zur Illustration dieser Spur dienen. Goethe berichtet in einem Brief aus Jena vom 24. April 1817 an Johann Heinrich Meyer: „Es ist schwerer als man denkt, den hiesigen Arbeitern etwas abzulocken, sie haben meist den vernünftigen Sinn, nicht mehr zu arbeiten, als sie allenfalls zu einem lustigen Leben brauchen."[9] Diese Mentalität kann übrigens durchaus dem Blick eines kritischen Ökonomen standhalten. Walter Eucken bemerkt zu dieser Goethe-Stelle:

> „Bessere Preise veranlassten sie, weniger zu arbeiten. Ihren Lebensunterhalt verdienten sie nunmehr mit Aufwand von weniger Arbeit. Damit verletzten sie nicht etwa – wie fälschlich vermutet werden könnte – das wirtschaftliche Prinzip. Denn diesen ihren als gleichbleibend angesehenen Lebensunterhalt versuchten auch sie durch möglichst geringen Aufwand an Werten zu beschaffen."[10]

Die spontane Präferenz liegt auf dem Leben, nicht auf der Arbeit – nicht anders, als in der antiken Weisheitslehre. Die Frage der Verantwortung wird dort auf eine Weise gelöst, welcher dieser Rangordnung von Werten entspricht. Bei Epiktet findet sich folgende Regel zur Lösung des Verantwortungsproblems:

> „Den Ungebildeten erkennt man daran, dass er anderen Vorwürfe macht, wenn es ihm schlecht ergeht, den philosophischen Anfänger daran, dass er sie sich selbst macht. Der wirklich Gebildete macht solche Vorwürfe weder einem anderen noch sich selbst."[11]

---

[9] Goethes Werke, S. 69.

[10] Eucken 1959, S. 216.

[11] Epiktet 1980, Kap. 5, S. 20; vgl. hierzu Nietzsche 1980b, S. 528. Nietzsche übersetzt: „Man gehört noch zum Pöbel, solange man immer auf andere die Schuld schiebt; man ist auf der Bahn der Weisheit, wenn man immer nur sich selber verantwortlich macht; aber der Weise findet niemanden schuldig, weder sich noch andere."

Der Sinn dieser Regel liegt auf der Hand; denn es geht nicht um Produktivitätssteigerung, die in der Tat durch Verantwortungsdruck erreicht werden könnte, sondern um die Gewinnung der Seelenruhe, der Ausgeglichenheit. Hier liegt ganz offenbar ein grundlegend anderer Verantwortungsbegriff zugrunde. Das gute Leben ist das Ziel, nicht die höchstmögliche Produktivität, sondern die Bedarfsdeckung ohne Hektik und ohne übergroße, womöglich gesundheitsschädliche seelische oder körperliche Anstrengung. Wenn wir Walter Eucken folgen dürfen, ist auch dies ökonomisch gedacht, nämlich nach dem Knappheitsprinzip. Aber es handelt sich um eine bescheidenere Ökonomie des guten Lebens, nicht die Ökonomie der Hektik und des zugespitzten Konkurrenzkampfes. Die Verantwortung bezieht sich auf die Lebensweise und das Lebensgefühl, nicht aber auf die größtmögliche Leistungserbringung. Diese Differenz kann politische Folgen haben und hat diese im Bundestagswahlkampf 2005 wohl auch gehabt: „CDU-Chefin Angela Merkel hat festgestellt, dass das ‚Reden von Freiheit und Eigenverantwortung eher Angst macht als Mut.'"[12]

Als Zwischenergebnis ist an dieser Stelle festzuhalten: Eigenverantwortung hat immer noch einen guten Klang, bedeutet aber eine erhebliche Belastung. Politisch kann man mit diesem Begriff Stimmenverluste erleiden – und das liegt keineswegs nur an einer noch unaufgeklärten Öffentlichkeit, sondern eher wohl daran, dass den Betroffenen durchaus klar zu sein scheint, welche Belastungen durch mehr Eigenverantwortung auf sie zukommen.

Wohlinformierte Individuen werden Fortschritt und Wohlstandssteigerungen in Frage stellen, wenn sie wissen, dass die Dynamik des Fortschritts das Wohlbefinden mindert. Unter Konkurrenzbedingungen wird diese Dynamik einen Druck ausüben, dem sich die einzelnen nur um den Preis geringerer Einnahmen und des möglichen Verlustes der Marktposition entziehen können. Anders als bei Goethes Arbeitern wird der Freiheitsgewinn dann nicht in der Entscheidung gesucht, heute einmal nichts zu tun, sondern im Ruf nach Regulierungen, die auch den Konkurrenten Beschränkungen auferlegen: Begrenzung der Öffnungszeiten, Verbot der Nachtarbeit, Beschränkung auf das Betreiben nur eines Geschäfts, Ausbildungsvoraussetzungen, Umwelt- oder Qualitätsstandards usw.

Basis solcher Regulationsforderungen ist immer eine Unzufriedenheit, welche das konkurrenzwirtschaftliche System durch die Auswirkungen des Konkurrenzdrucks selbst erzeugt. Die naheliegende Konsequenz der

---

[12] Zit. nach Geyer/Kurbjuweit/Schnibben 2005, S. 301.

Unzufriedenheit: Statt die Ursache des Scheiterns, wie vom Selbstverantwortungskonzept vorgegeben, bei sich selbst zu suchen, werden die geltenden Wettbewerbsregeln in Frage gestellt. Dieses Verhalten der Externalisierung von Verantwortung ist nicht nur unter dem Gesichtspunkt der psychischen Entlastung rational, sondern durchaus auch im Sinne des Eigen-, oft auch des Gruppeninteresses, wenn ganze soziale Gruppen innerhalb des Regelsystems zurückfallen und sich als Benachteiligte definieren können. Das zunächst rein ökonomische Spiel um Einkommensanteile wird dann mit ganz anderen Mitteln auf dem politischen Feld fortgesetzt. Dort können Ausgleichszahlungen, Subventionen, Übergangshilfen oder Dauerversorgung verlangt werden, vor allem aber Vorschriften und Regulationen.

Vor allem: das Spiel gilt dann als unfair, wenn die Regeln nicht in einem allgemein konsentierten Prozess politisch beschlossen worden sind, sondern quasi im Selbstlauf entstanden oder wenn sie von kleineren, elitären, politisch nicht legitimierten Gremien durchgesetzt oder von abgehobenen Experten vorgeschlagen worden sind. Hayeks Forderung, die Regelsetzung politisch unabhängigen Wirtschaftsexperten zu überlassen, der Vorschlag also einer Trennung des politischen vom ökonomischen Bereich, steht in einem fundamentalen Gegensatz zu demokratischen Legitimationserfordernissen. Die Auslagerung gerade der Grundentscheidungen über das Regelsystem der Verantwortungszuschreibung erscheint politisch nur bedingt legitimationsfähig. Systemtheoretisch klingt seine Idee, dass ökonomische Eigengesetzlichkeiten sich durchsetzen lassen müssten, ohne dass wettbewerbsverzerrende politische Interventionen stattfinden, auf den ersten Blick attraktiv. Sie ist aber genuin unpolitisch. Wenn die angeblich besten Regeln nicht von den Bürgern selbst, sondern von Experten festgelegt werden, dann werden diese Regeln als autoritär erscheinen.

Gleichgültig, wie die Legitimationserzählungen aussehen, ob sie dies mit Berechtigung tun oder nicht: Letztlich werden die Verlierer im Wettbewerb immer die Option haben, den politischen Prozess für sich zu funktionalisieren, denn oberhalb dieses Prozesses gibt es keine Instanz, die entscheiden könnte, ob es sich um bequeme Schutzbehauptungen oder durch unfaire Wettbewerbsstrategien verursachte Nachteile handelt.[13] Gegen die politische Funktionalisierung der Schutzbehauptungen von Konkurrenzverlierern gibt es so gut wie keinen Schutz. Entweder sie wenden sich direkt an das politische System und kassieren die Sondersubventionen auf bürokratischem Weg oder sie mobilisieren eine gesellschaftliche Bewegung. Der Landvolkverband der Weimarer Republik mit

---

13 Vgl. Zintl 1983, S. 216.

seinen Bombenattentaten, wie Hans Fallada ihn in *Bauern, Bonzen, Bomben* beschreibt, ist ein solcher Fall. Rassismus oder Ausländerfeindlichkeit gehören zu den beliebtesten und erfolgreichsten Mobilisierungsstrategien derartiger Bewegungen – nicht nur auf der Rechten.

Zwar müssen die einschlägigen Argumente einer öffentlichen Debatte standhalten. Die Geschichte der diversen Subventionsrechtfertigungen in der Geschichte Nachkriegseuropas (es handelt sich keineswegs um ein rein deutsches Problem) zeigt hier eine grenzenlose Phantasie und die offenkundige Chance, auch mit sehr dünnen und oberflächlichen Argumenten Erfolg zu haben, wenn nur ein gewisses Mobilisierungs- oder Blockadepotential erzeugt werden kann. Hier ist das genuine Tätigkeitsfeld der Demagogen und Ideologen, die nie gezögert haben, die Verfechter einer Marktrationalität ihrerseits als Ideologen anzugreifen und hinzustellen, was ihnen in der politischen Öffentlichkeit bislang durchaus überzeugend gelungen ist.

2. Verantwortenkönnen

Verantwortungszuschreibung ohne Reflexion der Voraussetzungen des Verantwortenkönnens muss als Verantwortungszumutung beschrieben werden, die zur Verantwortungsüberlastung und entsprechenden Reaktionen führt: Apathie, Renitenz, Ressentiment, Empörung, letztlich zu ziellosen oder auf Ersatzziele gerichtete Rebellionen. Diese Verhaltensweisen werden nicht dadurch aussterben, dass sie selbstschädigend sind. Ihre gesellschaftsschädigende Wirkung aber kann als eine Nebenfolge der Selbstverantwortungszumutung erkannt werden. Es bleibt dann abzuwägen, ob man dies als Kollateralschaden in Kauf zu nehmen bereit ist oder ob man dies als so erhebliche Gefahr einschätzt, dass hier Gegenmaßnahmen eingeleitet werden müssen.

„Ist es aber nicht schrecklich, ständig selbst wählen und bestimmen zu müssen?“ fragt Wilhelm Schmid in seiner Philosophie der Lebenskunst. Seine Antwort fällt – wie fast immer in solchen Lebenskunst-Büchern – etwas banal aus: „Ein Leben ganz ohne Wahl und Selbstbestimmung könnte schrecklicher sein.“[14] Natürlich will jeder etwas zwischen Konsumfreiheit und materialer Sicherheit, und niemand will einen exakt bestimmbaren Punkt dazwischen, sondern ein Feld. Das permanente Entscheiden ist keineswegs nur, wie man meinen könnte, die genuine Tätigkeit des Chefs, des Anführers, der Führungspersönlichkeit. Diese delegiert die viel-

---

[14] Schmid 2004, S. 117.

fältigen kleinen und kleinsten Entscheidungen, will mit ihnen möglichst auch gar nicht belästigt werden, und schafft es gerade dadurch, das Wichtige vom Unwichtigen zu unterscheiden und sich auf die großen Linien zu konzentrieren. Führungsfähigkeit, *Leadership*, heißt gerade nicht, alles persönlich zu entscheiden oder entscheiden zu wollen, sondern sich auf die relevanten Entscheidungen konzentrieren zu können, ohne durch Details belästigt zu werden. Führung heißt gerade, den Absicherungswünschen subalterner Bürokraten erfolgreich zu widerstehen, die ihre Vorgesetzten mit Kleinigkeiten behelligen.

Hier, wo es um Selbstverantwortungsprozesse geht, ist jeder selbst der Chef seines Lebens, seiner alltäglichen Lebensführung, und wird dies nur sein können, wenn hier die gleichen Regeln gelten: das Wichtige vom Unwichtigen unterscheiden, die Routineaufgaben delegieren und sich nicht von ihnen konsumieren zu lassen. Die Vordringlichkeit des Befristeten, wie Luhmann dies als geschulter Verwaltungsbeamter nannte, ist aufzufangen durch Automatisierungsprozesse. Ein Alltag, der auf Routinen, auf Gewohnheiten verzichten würde, wäre nicht lebbar. In jedem Augenblick müsste alles neu entschieden werden: mit ungewissem Ausgang. Was für kreative Prozesse unverzichtbar ist, muss im Alltag vermieden werden, weil sonst nicht Kreativität, sondern Lähmung das Resultat wäre.

Hierzu hat Wilhelm Schmid ein treffendes Gedankenexperiment vorgeschlagen: Was wäre, wenn wir uns entschließen würden, einen Tag ganz ohne Gewohnheiten zu verbringen, alle so sehr verachteten Routinen zu verwerfen und in jeder Situation gänzlich neu und überraschend zu entscheiden? So können wir nicht leben. Kafka spricht an einer Stelle von dem Albtraum, jeden Morgen nach dem Aufstehen die gesamte Kleidung neu zusammennähen und die Schuhe neu schustern zu müssen, bevor man sich ankleiden und auf die Straße hinaustreten kann. Das Bewusstsein, in jedem Augenblick in allen Dingen von vorn anfangen zu müssen, würde jegliches Leben lahmlegen.

Das Transaktionskostenargument scheint mir bei der Behandlung solcher Fragen entscheidend zu sein: Wenn die für das Selbstmanagement aufzuwendende Zeit (einschließlich der Zeit für die Lektüre entsprechender Beratungsliteratur und das Aufsuchen der zuständigen Therapeuten) zu hoch liegt, ist es rationaler, gewisse komplexe Funktionen und Tätigkeiten zu delegieren. Man wird dann darauf verzichten, seine Altersversorgung über Aktien abzuwickeln, weil diese ständiger Aufmerksamkeit und Präsenz bedürfen, auch wenn sie dafür im Erfolgsfall eine höhere Rendite abwerfen. Wer sich in einer arbeitsteiligen Gesellschaft auf diejenigen Aufgaben konzentrieren will, die er oder sie am besten beherrscht, und hierdurch seinen Lebensunterhalt verdienen will und kann, muss die

Managementaufgaben auf andere übertragen und kann dabei nur hoffen, nicht an einen Betrüger zu geraten.

Ein gewisser Abstand zu, wenn nicht sogar eine Verachtung für die finanzielle Seite einer beruflichen Tätigkeit ist keineswegs nur kreativen Berufen eigentümlich, sondern charakteristisch für fast jede arbeitsteilige Spezialisierung. Es war immer ein Gegenstand der Klage sozialkritischer Literatur, dass diejenigen, die nichts getan, sondern nur verwaltet, gelenkt und geführt haben, deutlich höher bezahlt wurden, weil sie den Zugriff auf die Ressourcen hatten. Eine solche Bevorzugung kann aber durchaus auch, wenn sie nicht exorbitant und übertrieben ist, im Interesse derjenigen sein, die ihre besondere Begabung oder Spezialisierung in einer anderen, sei es kreativen, sei es ausführenden Tätigkeit erkannt und gefunden haben.

Die Delegation, insbesondere an politisch-kollektive Instanzen, ist in der Tat ein Verzicht auf Souveränität. Aber kann man sich wirklich noch 90jährige Menschen vorstellen, die täglich in einer hektischen Ökonomie ihr Aktiendepot umschichten, um ihren Lebensstandard mit 105 zu sichern? Wohl wissend, dass die letzte Lebensphase wegen der komplexen medizinischen Technologien am teuersten werden wird? Und dies ist kein extremer Grenzfall, sondern für die Mehrheit der heute Lebenden zu erwarten. Dieses Beispiel scheint mir schlagend zu zeigen, dass Unmögliches verlangt und erwartet wird. Selbstverantwortung wird zugemutet, obwohl die Voraussetzungen dafür nicht vorhanden sind: in dem genannten Fall wegen des Alters, aber auch in vielen anderen Fällen der Mehrheit auch der jüngeren Menschen wegen des Fehlens elementarer Kenntnisse und des Zeitmangels für den Kompetenzgewinn und die Informationsbeschaffung, also der Transaktionskosten wegen. Diese Transaktionskosten können von einer großen Zahl von Personen nicht aufgebracht werden. In einigen Fällen wegen anderer Prioritäten, in anderen Fällen wegen Mängeln an Kompetenz, Ausbildung oder spezifischer Intelligenzformen und Neigungen. Es scheint mir nicht vertretbar, die volle Kompetenz und Verantwortung für das Agieren auf globalisierten Finanzmärkten jedermann auch noch im Alter von 80 oder 90 zuzumuten. Ich plädiere damit ausdrücklich nicht für eine Einschränkung der Geschäftsfähigkeit, wohl aber für ein abgestuftes und abgewogenes System der Vorsorge, die nur kollektiv sein kann.

Der politische Grundgedanke des Autonomiepostulats ist: *volenti non fit iniuria*: dem, der freiwillig zustimmt, geschieht kein Unrecht. Ausnahmen werden nur dort gesehen, wo die betreffende Person nicht zurechnungsfähig ist. Das ist in Anbetracht des eben Diskutierten eine zu harte Fassung des Freiheits- und Verantwortungsbegriffs, die im Grunde nur für eine überschaubare traditionale Gesellschaft und die letztlich doch verhältnismäßig einfachen moralischen Fragen von Recht und Unrecht passt. Für die komplexeren Fragen der Abwägung und der Finanzanlagestrategie jedoch, von der dann die Altersversorgung in einer dynamisch sich wandelnden Welt ohne Sicherheiten abhängt, erscheint dieses Prinzip als unangemessen. Es verlangt zu viel. Wer nicht auf lange Sicht planen und urteilen kann, darf dennoch nicht im Alter durch Armut bestraft werden, auch wenn es als gerechtfertigt erscheinen mag, denjenigen zu belohnen, der diese Voraussicht aufzubringen vermag. Es folgt: Eine Grund- und Basissicherung für alle muss in das System eingebaut werden.

Die Freiwilligkeit der Zustimmung und die darauf aufbauende Legitimation des Unangenehmen, also der Zumutung, bricht sich an der Unübersichtlichkeit und Komplexität der weltweiten Ökonomie. Es geht hierbei nicht um politische Steuerung von Gesamtprozessen: es geht um das individuelle Handeln, das solchen Strukturen und Prozessen nicht gewachsen erscheint. Es geht um wesentlich mehr als um effizientes Selbstmanagement: es geht darum, dass jedem zugemutet wird, als Unternehmer seiner selbst tätig zu sein und im Zweifel alle damit verbundenen Aufgaben in diesem Geschäftsfeld selbst mit erledigen zu müssen, weil den Delegationsmöglichkeiten Grenzen gesetzt sind, die in unvollkommenen Vertrauensbeziehungen, im Verhältnis von Prinzipal und Agent liegen. Wenn jeder Unternehmer seiner selbst zu sein hat, werden die vielen Berater, Anwälte und sonstigen Helfer Agenten mit Eigeninteressen, die nicht mit denen des Prinzipals identisch sein müssen. In der modernen ökonomischen Theorie, die auf dem Rational-Choice-Paradigma beruht, werden die Interessenunterschiede zwischen dem Eigentümer und seinen Agenten sehr genau herausgearbeitet, mit dem Ergebnis, dass eigentlich nur dieser selbst auch seine Interessen unverkürzt und ungeschmälert zur Geltung bringen kann. In diesem Bereich scheinen regulatorische Eingriffe helfen zu können, um die Anforderungen an die Verlässlichkeit von Maklern, Versicherungsagenten und ähnlichen freiberuflichen Zuarbeitern des unternehmerischen Selbst zu erhöhen.

3. Die Funktionalisierung der Autonomie

Die moderne Managementliteratur hat die Verantwortung als Herrschaftsinstrument erkannt. In der englischsprachigen Literatur wird von *responsibilization* gesprochen. In foucaultscher Sprache könnte man von Techniken der Verantwortlichmachung sprechen, die Kristallisationspunkte der Gouvernementalität in den Unternehmen schaffen. Die Moralsprache, in der dies kommuniziert wird, greift auf Elemente emanzipatorischer Diskurse zurück. Sie inszeniert sich als Reform, durch welche

Bevormundung und Paternalismus des klassischen hierarchischen und bürokratisch verwalteten Unternehmens aufgebrochen und durch eine moderne Mitarbeitermotivation von unten ersetzt werden. Sogar Empowerment, Ermächtigung, wird den Untergebenen zugebilligt. Weisungen sollen reduziert werden auf Zielvereinbarungen, die im wesentlichen das Ziel haben, immer exakt eine definierbare Person für die Erreichung eines bestimmten Ziels verantwortlich zu machen, so dass eine Verantwortungsabwälzung, wie sie in bürokratischen Hierarchien häufig stattfindet, auf diesem Wege ausgeschlossen werden kann. Das Ziel scheint objektiv – es ist keine vorgesetzte Person, die hinter einer Weisung steht, sondern es geht um das sachliche Ziel. Persönliche Spannungen können so idealerweise ausgeschaltet werden. Jedoch können sie weiterhin die Zielformulierung und Zielsetzung bestimmen, so dass sich das Problem nur verlagert. Herrschaftskonflikte können auf diese Weise entschärft werden zu Meinungsverschiedenheiten über die Erreichung des gemeinsam vorgegebenen oder gar gemeinsam gesetzten Zieles.[15] Das kann sich fortsetzen bis in die Sprache der Entlassungen hinein: „Sie werden mir doch sicherlich zustimmen, dass Sie keine sinnlose Arbeit verrichten und keine bloße Beschäftigung aufrechterhalten wollen."

Das Autonomiepostulat der aufklärerischen Vernunft war emanzipatorisch gemeint: es sollte die Selbstbestimmung des Individuums theoretisch fundieren und ihm zugleich sozialverträgliche, in der Sprache der Zeit, „vernünftige" oder „natürliche" Grenzen setzen. Bei dem Aufklärer par excellence, nämlich Condorcet, ist Voraussetzung der emanzipatorischen Autonomie eine Gleichheit des Unterrichts, damit jeder in der Lage ist, die eigenen Angelegenheiten kompetent zu verwalten. Die Probleme, die heute zu erkennen sind, hatte Condorcet zu einem erheblichen Teil schon gesehen. Allerdings glaubte er, durch Bildung, durch Aufklärung dem entgegenwirken zu können. Ich zitiere sein Unterrichtsprogramm, um klarzumachen, wie wenig unser heutiger schulischer Fächerkanon gegenüber dieser Anforderung geeignet ist.

> „Wir werden einsichtig machen, dass, wenn man nur den Wissensstoff selbst und die Unterrichtsmethode glücklich auswählt, man die ganze Masse eines Volkes über all das belehren kann, was jedermann zur Verwaltung seiner Angelegenheiten, seiner häuslichen Wirtschaft und zur freien Entfaltung seines Fleißes und seiner Anlagen wissen muss; was er wissen muss, um seine Rechte zu kennen, zu verteidigen und auszuüben; um über seine Pflichten im klaren zu sein und sie in rechter Weise erfüllen zu können; um seine Handlungen und die Handlungen anderer nach eigener Einsicht zu beurteilen; was er wis-

[15] Vgl. hierzu Opitz 2004, bes. S. 123 ff.

> sen muss, (....) um nicht blind von denjenigen abhängig zu sein, denen er die Sorge für seine Angelegenheiten oder die Ausübung seiner Rechte anvertrauen muss; um fähig zu sein, sie auszuwählen und zu überwachen; (...), und endlich, um dem Blendwerk von Scharlatanen zu entgehen, die es auf sein Vermögen abgesehen haben, die seiner Gesundheit, der Freiheit seiner Meinungen und seines Gewissens Fallen stellen unter dem Vorwand, ihn reicher zu machen, zu heilen, zu retten."[16]

Das Programm lautet: Grundkenntnisse der Medizin, der Wirtschaftstheorie und der Religionskritik sowie nicht unerhebliche juristische Kenntnisse – also genau das, was der Lehrplan unserer Schulen ausspart. Die Voraussetzung der Autonomie ist aufklärerisches Wissen.

Im gegenwärtigen Umstellungsprozess unserer Wirtschaftsordnung von Großgruppenstrukturen und Großorganisationen auf Kleinteiligkeit und individuelle Zuschreibbarkeit dagegen wird das Autonomiepostulat, also die Forderung, Eigenverantwortung zu übernehmen, herabgestuft zu einer nachgeordneten Funktion. Die Autonomiezuschreibung dient nicht der Emanzipation der Individuen, sondern soll im Gegenteil deren reibungsloses Funktionieren gewährleisten. Die Autonomiezumutung wird von den Scharlatanen der Unternehmensberatung instrumentalisiert. Nicht die Entscheidungs- und damit Freiheitsspielräume der Individuen werden ausgeweitet, sondern es werden erhöhte Anforderungen an deren Anpassungsbereitschaft und -fähigkeit an ständig wechselnde Marktsituationen gestellt. Wenn bei Kant moralische Freiheit als Pflichterfüllung, bei Hegel sogar als Einsicht in die Notwendigkeit definiert wurde, so würde die Kurzformel in diesem Kontext lauten: Autonomie heißt bereitwillige Marktanpassung, weil das Individuum dies effizienter als Großorganisationen leisten kann, da es unmittelbar mit Gewinn und Verlust belohnt oder bestraft wird.

Es scheint ein generelles Merkmal philosophischer Autonomiekonzeptionen zu sein, dass sie an Ambivalenzen leiden, die gelegentlich paradoxale Züge annehmen können. Wenn die Unterwerfung unter das kantische Sittengesetz uns von der Versklavung durch unsere Begierden befreit, indem wir nur noch tun, was wir sollen, dann befreit uns die Unterwerfung unter die Marktgesetze von allen Freiheitsspielräumen, die nicht marktkonform sind. Das wird von den Studierenden, die als ihre Parole – ein wenig in souveräner Ignorierung der Geschichte und Probleme des Bildungsbürgertums – die Forderung nach zweckfreier „Bildung" gewählt haben, recht genau verstanden. Sie verlangen im Grunde staatlich finanzierte akademische Allgemeinbildung vor allen Dingen geisteswissenschaftlich-

[16] Condorcet 1976, S. 202.

reflexiver Art für alle diejenigen, die den Hochschulzugang schaffen. Mit Bildung ist weniger ein analytisches als vielmehr ein geisteswissenschaftlich fundiertes reflexives Wissen gemeint. Nicht etwas zu zergliedern, sondern sich mit etwas über einen längeren Zeitraum hinweg gründlich zu befassen erscheint als Methodenideal. Nutzlosigkeit im Sinne unmittelbarer marktmäßiger Verwertbarkeit wird gerade als positiver Aspekt angesehen. In der Sekundärargumentation spielen dann Nebeneffekte wie Flexibilität eine Rolle.

Die Funktionalisierung von Autonomie im Dienste eines Konzepts, das diese gerade nicht zum Ziel hat, nimmt ihr den emanzipatorischen Bonus, den sie in der öffentlichen und moralphilosophischen Diskussion immer noch hat. Eine gegen den eigenen Willen und gegen die eigenen Bedürfnisse aufgenötigte Verantwortung muss als Heteronomie gelten.

Freiheit im Sinne von Autonomie ist in der philosophischen Tradition so definiert werden: „Frei ist, was nur den Gesetzen seines eigenen Wesens gemäß handelt und von nichts anderem weder in noch außer ihm bestimmt ist.“[17] Das ist die Formulierung von Schelling, im Grunde handelt es sich aber nur um eine sehr stark präzisierte deutsche Übersetzung des griechischen Begriffs „Autonomie“ als Selbstgesetzgebung.

Auch Martin Heidegger hat noch in Sein und Zeit den Gedanken ganz ähnlich, nur in Worten der Selbstwahl formuliert: „Das Verfallen des Daseins an das Man und die besorgte ‚Welt‘, nannten wir eine ‚Flucht‘ vor ihm selbst.“ Freiheit ist dementsprechend „(…) Freisein für die Freiheit des Sich-selbst-wählens und -ergreifens.“[18] Die Autonomie der Unternehmensberater ist von außen oktroyiert, entspricht aber gerade nicht dem eigenen Wesen, dem inneren Freiheitsverständnis der Individuen, zwingt Entscheidungen auf statt die Selbstwahl zu ermöglichen. Sie steigert noch das Verfallensein an das Man, oder, wenn man Heideggers Sprache nicht mag und lieber auf die Rousseaus und Hegels zurückgreifen möchte, es handelt sich um eine selbstentfremdete Autonomie.

Birger Priddat hat mir auf einer Konferenz am Kulturwissenschaftlichen Institut Essen an dieser Stelle den Einwand gemacht, dass die Kritik, Autonomie werde auf diese Weise in Heteronomie umgebogen, allein unter der Voraussetzung eines klassisch-idealistischen Subjektbegriffs Gültigkeit haben könne. Unter postmodernen Bedingungen dagegen, d. h. nach dem Ende des klassischen Subjekts, sei die Rede von Autonomie als Selbstgesetzgebung nicht mehr sinnvoll, so dass sich das Problem dadurch auflösen würde. Vergleichbare Einwände werden aus der Perspektive der

---

[17] Schelling 1983, S. 101.

[18] Heidegger 1984, § 40, S. 185, S. 188.

neurobiologischen Forschung erhoben. Das würde dann bedeuten, dass Menschen, die ein klassisches statt eines postmodernen Selbstkonzepts haben, in der aktuellen Welt nicht mehr recht existenzfähig wären, so wie ja auch Menschen, die an Naturreligionen festhalten, mit der modernen Medizin oft nicht zurechtkommen. Umlernen auf Postmodernität dagegen würde eine entspannte Existenzform in einer Welt der Heteronomie ermöglichen. Vielleicht helfen aber auch Medikamente und die Mediziner können an dieser Stelle einspringen. Prüfen wir dieses Argument.

4. Diagnose: Überforderung durch beschleunigten sozialen Wandel

Im Folgenden geht es vor allem um die psychosozialen Folgen jenes gegenwärtigen Prozesses, der Wohlstandssteigerungen durch Erhöhung des Tempos und des Konkurrenzdrucks intendiert. Diese sind am eindrucksvollsten von dem französischen Medizinsoziologen Alain Ehrenberg in seiner Studie „Das erschöpfte Selbst“ dargelegt worden: Die sozialen Normen verlangen heute Verantwortung und Initiative, so wie sie vor 100 Jahren Konformität und Disziplin erwarteten, basierend auf Schuld. Damals führte das zur Neurose als Modekrankheit. Heute ist die vorherrschende psychische Erkrankungsform die Depression, beschrieben nicht mehr als schuldhaftes Fehlverhalten, sondern als Krankheit der Unzulänglichkeit.[19] Es sind die besonderen Belastungen der gegenwärtigen Arbeitswelt, welche die Depression zur Leitform psychischer Erkrankungen werden lassen.

> „Es geht nicht mehr um Gehorsam, Disziplin und Konformität mit der Moral, sondern um Flexibilität, Veränderung, schnelle Reaktion und dergleichen. Selbstbeherrschung, psychische und affektive Flexibilität, Handlungsfähigkeit: Jeder muss sich beständig an eine Welt anpassen, die eben ihre Beständigkeit verliert, an eine instabile, provisorische Welt mit hin und her verlaufenden Strömungen und Bahnen. Die Klarheit des sozialen und politischen Spiels hat sich verloren. Diese institutionellen Transformationen vermitteln den Eindruck, dass jeder, auch der Einfachste und Zerbrechlichste, die Aufgabe, alles zu wählen und alles zu entscheiden, auf sich nehmen muss.“[20]

> „Das Individuum, das sich, von der Moral befreit, selbst erzeugt und zum Übermenschlichen (im Sinne Nietzsches) neigt, das auf seine eigene Natur einwirken, über sich selbst hinausgehen, mehr als es selbst sein will, ist für uns inzwischen Realität geworden. Doch es hat nicht die Kraft der Herren, es ist zerbrechlich, ihm fehlt es an Sein, es ist von seiner Souveränität erschöpft und

[19] Ehrenberg 2004, S. 9.
[20] Ebenda, S. 222.

> beklagt seine Erschöpfung. Es hat weder Nietzsches fröhliche Wissenschaft noch sein Lachen. Die Depression ist somit Melancholie plus Gleichheit, die Krankheit par excellence des demokratischen Menschen. Sie ist die unerbittliche Kehrseite des Menschen, der sein eigener Herr ist.“[21]

Die Flucht in Drogen, Rituale und Abhängigkeiten ist eine der typischen Reaktionsformen auf diese Unzulänglichkeit. Ehrenberg lobt die modernen Psychopharmaka wie *Prozac*, weil sie kaum bekannte Nebenwirkungen aufzuweisen scheinen, warnt aber vor der Illusion der Heilung: „Drei Viertel der Patienten, die eine depressive Episode erlitten, finden ihr früheres psychisches Gleichgewicht nicht wieder, 20 Prozent der Depressionen werden chronisch und weitere 20 Prozent widerstehen der Behandlung.“[22] Die Prognosen bei dieser Erkrankung sind also extrem schlecht. Deshalb schlagen die Mediziner eine lebenslange Behandlung bei solchen Patienten vor, die eine depressive Episode hatten und über 50 sind, aber auch schon für Patienten, die über 40 zwei depressive Phasen hatten, und bei denen unter vierzig, wenn es schon mehr als zwei waren.[23] Es handelt sich also um eine chronische Erkrankung, was die gesellschaftstheoretische Deutung ja auch nahelegt.

Allerdings ist Alain Ehrenberg kein Gegner der Medikamente, sondern sieht dies utilitaristisch: „Wenn eine Person zugleich gesund ist, dank des Medikaments, und krank, nämlich ohne das Medikament, wer ist dann die wahre Person?“[24] Die Gegenargumente behandelt er mit Hohn, Spott und Ironie: „Gegen die Antidepressiva wird dieselbe Kritik vorgebracht wie früher gegen die Hypnose.“ „Seit den 1930er Jahren fungiert die Droge als Antimodell.“

> „Die Persönlichkeit von echten Kranken zu verändern bedeutet, sie zu heilen. Die von Menschen zu verändern, bei denen man am Bestehen einer Krankheit zweifelt, heißt sie unter Drogen zu setzen, auch wenn die Droge ungefährlich ist. Steht ein Patient, dem man eine gute Lebensqualität ermöglicht hat, nicht unter dem Verdacht, angenehm berauscht zu sein? Darin liegt ein Vergehen gegen *ein* Ideal der Person.“[25]

Wenn dies stimmt, dann ist die Depression die eine Seite, die Abhängigkeit von Medikamenten oder Drogen die andere, und das Subjekt hat keine Chance, seine Unzulänglichkeit, seinen Mangel an persönlicher Initiative, seine fehlende Leistungsfähigkeit zu besiegen.

---

[21] Ebenda, S. 262.
[22] Ebenda, S. 232.
[23] Ebenda, S. 234.
[24] Ebenda, S. 256.
[25] Ebenda, S. 263.

Ich will auf die persönlichkeitstheoretischen Untiefen der Therapie hier nicht weiter eingehen, weil es mir vor allem um die diagnostische Seite geht. Unter Ehrenbergs sozialpsychologischem Blick ist es weniger der Globalisierungsdruck, der durch ökonomische Konkurrenz zu Anpassungsverhalten zwingt, als vielmehr die Verantwortungslast, die den empfindlichen und zerbrechlichen Menschen der Gegenwart durch die Emanzipation von Hierarchien und moralischen Zwängen, von Routinen und vorgegebenen Automatismen des Verhaltens dazu zwingt, ständig eine eigene Identität zu entwickeln und zu behaupten, permanent in Unsicherheit darüber, worin diese bestehen könnte. Im Krisenfall kann das Individuum letztlich in einer Handlungsunfähigkeit versinken, die von den Diagnostikern Neurasthenie genannt wird. Die depressive Erschöpfung, nicht mehr die neurotische Angst ist das Problem der gegenwärtigen Verantwortungsgesellschaft.

5. Schlussfolgerungen

Damit komme ich zu den Schlussfolgerungen. In zunehmenden Maße wird jeder auf sich selbst gestellt und muss Werbung für sich selbst machen – wie das in den späten 50er Jahren, damals noch oberhalb der Peinlichkeitsschwelle, ein New Yorker Großschriftsteller vorgemacht hatte: Norman Mailer mit seinen *Advertisements for myself* (1959). Der nervöse Druck, sich ständig umzuschauen, ob nicht ein Konkurrent einen überholt, die gerechtfertigte Paranoia im Rat's Race der Konkurrenzökonomie verlangt für die darin Erfolgreichen die Entwicklung eines adäquaten Charaktertypus – auch das eine Max-Weberianische Fragestellung. Der gesuchte Typus muss hochqualifiziert, hochaufmerksam, auf intelligente Weise nervös und kreativ zugleich sein und erheblichem Druck standhalten können. Er muss erfolgreiche Netzwerke bilden können, darf aber wegen des gleichzeitig verlangten Innovationspotentials nicht so angepasst sein wie früher die Organisationsmenschen der Großfirmen und Großbürokratien. Er muss wissen, wann die Ellenbogen zu benutzen sind und er muss seine Chancen aktiv und rasch nutzen, also nicht darauf warten, ob jemand die eigenen Begabungen und Fähigkeiten entdeckt und fördert.

Vor allen Dingen muss dieser Typus damit fertig werden, dass die ganze Last der Rückschläge und des im Endergebnis immer möglichen Misserfolgs auf den eigenen Schultern lastet und kaum oder gar nicht externalisiert werden kann. Die Voraussetzung des Handelns in solchen Kontexten ist die eigene Entscheidungsfreiheit – während die unfreien Menschen der früheren Organisationswelt ähnlich wie die Untertanen in autoritären Ländern ihr behagliches Ressentiment und die Generalablehnung all dessen, was von oben kam, pflegen konnten – noch heute ist dies in den meisten islamischen Diktaturen die vorherrschende Mentalität. Im Gegensatz dazu wird hier entschlossenes Selbstverantwortungsgefühl verlangt, das positiv gestimmt sein muss, um nach jedem Rückschlag immer wieder neu starten zu können. Das Sich-Verbunkern in Abwehr- und Ablehnungsstrategien würde gerade die eigene Reaktivierungskraft lähmen. Eine Externalisierung der Ursachenzuweisung – durchaus oftmals eine psychisch sinnvolle Entlastungsstrategie – würde die Entwicklung erfolgreicher neuer Handlungsoptionen eher aufhalten.

Dabei kann es jederzeit durchaus sein, dass der Misserfolg gar nicht an der fehlenden eigenen Anstrengung und Ingenuität gelegen hatte, sondern schlicht an den Launen eines Marktes, der sich eben nicht planen und gestalten lässt, oder am zufälligen Glück eines Konkurrenten, der kurz vorher mit der gleichen Idee etwas besser platziert war. Friedrich August von Hayek weist immer wieder auf diesen Punkt hin: der Markt belohnt und bestraft eben gerade nicht nach Kriterien der sozialen Gerechtigkeit, sondern oft genug allein nach Zufall und Glück, auch wenn dies gelegentlich das Glück der besonders Tüchtigen gewesen sein mag. Dieses Verfahren belohnt die jeweils optimale Mischung von Gründlichkeit, Innovationskraft, Tempo, Kundennähe und Größe, die sich normalerweise nicht am grünen Tisch vorausberechnen lässt. D. h. der Markt probiert sehr vieles aus, von dem sich am Ende nur wenig durchsetzt. Hayek ist insofern ein wichtiger Anti-Ideologe, als er nicht versucht, dies in irgendeiner Weise moralisch oder moralisierend zu rechtfertigen, sondern schlicht als den moralisch kalten, aber ökonomisch heißlaufenden Motor der Wohlstandsproduktion begreift.

In diesen Kontext gestellt, ist Verantwortung keine Primärtugend, sondern eher so etwas wie die zu dieser Art der Ökonomie und Gesellschaftsorganisation am relativ besten passende Lebenseinstellung. Wer eigenverantwortlich denkt und vor allem auch empfindet – es muss tief charakterlich verankert sein – ist am ehesten geeignet für diese Welt der Hektik und Neuorientierung in Permanenz, nicht dagegen der starre, zuverlässig-verlässliche Charaktertypus des Funktionärs der alten Großbetriebe und Großorganisationen, der Organization Man, wie er in der Sozialforschung genannt worden war. Nicht der Organisationsmensch, sondern der Verantwortungsmensch, der freudig die Ursachen immer bei sich selbst sucht und sich flexibel und innovativ auf neue Situationen einzustellen vermag, um das Bestmögliche für sich selbst aus diesen herauszuholen, der die leistungsfähigsten Netzwerke zu organisieren und am Laufen zu halten vermag, ist der Mensch der Zukunft. Dieser wird auch in der Lage sein, mit 35 seine Altersvorsorge komplett geplant und abgeschlossen zu haben, um sich nach dem hektischen Berufsleben dann vielleicht den kommunitären Aktivitäten einer postberuflichen Gemeinschaftsgesellschaft zuzuwenden.

Die von mir so skizzierte soziokulturelle Formation der Verantwortungsgesellschaft scheint für den gegenwärtigen Entwicklungsstand die effizienteste Organisationsform zu sein. Effizient bedeutet weder schön, noch lebenswert, noch gerecht oder gar gesund. Ihren „Neuen Menschen“ beginnt diese Gesellschaftsordnung sich erst zu schaffen.

Literatur

Condorcet, M. J. A. (1976), Entwurf einer historischen Darstellung der Fortschritte des menschlichen Geistes, hrsg. von Wilhelm Alff, Frankfurt.

Ehrenberg, A. (2004), Das erschöpfte Selbst. Depression und Gesellschaft in der Gegenwart, Frankfurt und New York.

Epiktet (1980), Handbüchlein der Ethik, Übers. Ernst Neitzke, Stuttgart.

Eucken, W. (1959), Die Grundlagen der Nationalökonomie, 7. Aufl., Berlin, Göttingen, Heidelberg.

Geyer, M. / Kurbjuweit, D. / Schnibben, C. (2005), Operation Rot-Grün. Geschichte eines politischen Abenteuers, 2. Aufl., München.

Goethes Werke, hrsg. im Auftrag der Großherzogin Sophie von Sachsen. III. Abteilung: Goethes Tagebücher, Bd. 1–15, Weimar 1887–1919, IV. Abteilung: Goethes Briefe, Bd. 1–50, Weimar 1887–1912. (»Weimarer Ausgabe« bzw. »Sophien-Ausgabe«), Bd. 28.

Hayek, F.A. (1991) [1971], Die Verfassung der Freiheit, 3. Aufl., Tübingen.

Heidegger M. (1984), Sein und Zeit, § 40, S. 185, S. 188, 15. Aufl., Tübingen.

Nietzsche F. (1980a) [1889], Die vier großen Irrtümer, Aph. 7, in ders., Götzendämmerung, Kritische Studienausgabe, herausgegeben von Giorgio Colli und Mazzino Montinari, M., Bd. 6, München.

Nietzsche, F. (1980b) [1880], Menschliches – Allzumenschliches II, Vermischte Meinungen und Sprüche Nr. 386, in ders., Kritische Studienausgabe, herausgegeben von Giorgio Colli und Mazzino Montinari, Bd. 2, München 1980.

Opitz, S. (2004), Gouvernementalität im Postfordismus. Macht, Wissen und Techniken des Selbst im Feld unternehmerischer Rationalität, Argument Sonderband Neue Folge 297, Hamburg.

Schelling, F. W. J. (1983) [1809], Über das Wesen der menschlichen Freiheit, hrsg. von Horst Fuhrmann, Stuttgart.

Schmid, W. (2004), Mit sich selbst befreundet sein. Von der Lebenskunst im Umgang mit sich selbst, Frankfurt.

Zintl, R. (1983), Individualistische Theorien und die Ordnung der Gesellschaft. Untersuchungen zur politischen Theorie von James M. Buchanan und Friedrich A. v. Hayek, Berlin.

Herrschaftsgewalt in Zeiten der Globalisierung

– Sollten wir nicht endlich wieder von souveräner Staatlichkeit sprechen? –

Manfred Baldus

A. Ende souveräner Staatlichkeit?

Unter sozial- und politikwissenschaftlichen Autoren ist die Auffassung weit verbreitet, dass der moderne Staat nicht nur eines seiner wesentlichen Merkmale, seine Souveränität, verloren hat, sondern dass vielmehr selbst seine Existenz in Frage steht, ja dass – so lautet die am weitesten gehende These – die Epoche moderner Staatlichkeit zu ihrem Ende gekommen ist. Insbesondere im Rahmen der Globalisierungsdiskussion, die seit Beginn der neunziger Jahre des letzten Jahrhunderts geführt wird, ist der Bedeutungsverlust des Nationalstaates als eine Art Leitmotiv auszumachen. Die wesentlichen Argumente dabei lauten: Die äußere Souveränität des Staates werde mehr und mehr untergraben, sein inneres Gewaltmonopol löse sich auf, und seine Steuerungskraft lasse nach.

Als repräsentativ für diese Stoßrichtung innerhalb der Globalisierungsdiskussion kann eine Reihe von Werken genannt werden, in denen der Abgesang auf den modernen Staat schon im Titel angestimmt wird. Ich nenne nur: „Abschied vom Nationalstaat" von Martin Albrow, ein Werk, das auch Arno Waschkuhn in seinem Buch „Grundlegung der Politikwissenschaft" ausführlich gewürdigt hat, dann: „The Retreat of the state" von Susan Strange, „The End of the Nation State", von Kenichi Ohmae oder etwa: „Regieren jenseits des Nationalstaats" von Michael Zürn. Man könnte außerdem zahlreiche Titel aus der Aufsatzliteratur hinzufügen.

Das Bemerkenswerte an dieser These vom Ende des modernen Staates ist, dass sie nicht nur von Sozial- und Politikwissenschaftlern propagiert wird. Auch die Geschichtswissenschaft ruft gegenwärtig das Ende des Staates aus. So fasst etwa der israelische Historiker Martin van Creveld seine Analyse der Entwicklung moderner Herrschaftsgewalt vom 15. bis zum 20. Jahrhundert zusammen unter dem Titel: „Aufstieg und Untergang des Staates". In seiner Diagnose setzt dieser Untergang ab 1975 ein, ausgelöst durch den Rückgang großer Kriege, dem Rückzug des Wohlfahrtsstaates, durch die Internationalisierung der Technologie, der Auflösung der inneren Ordnung des Staates und durch den Verlust des Glaubens an seine Leistungsfähigkeit. Van Creveld ist sich bei seiner Diagnose so sicher, dass er in seinem Werk schon ausführlich die Frage erörtert, wie die Organisationsformen der Zukunft aussehen werden.

Neben van Crefeld wird die Staatsuntergangsthese unter anderem auch von dem deutschen Historiker Wolfgang Reinhard vertreten. Er stellt in seinem viel beachteten Werk „Geschichte der Staatsgewalt“ aus dem Jahre 1999 lapidar fest: „Der moderne Staat, der sich in vielen hundert Jahren in Europa entwickelt und durch die europäische Expansion über die Welt verbreitet hat, existiert nicht mehr.“ Vor allem das Kriterium von Modernität träfe nicht mehr zu, nämlich die einst dem Ancien Régime mit unsäglicher Mühe abgerungene Einheitlichkeit von Staatsvolk und Staatsgewalt, Staatsgebiet und Staatshoheit im Sinne der Souveränität des Staates.

Nun sollte man ergänzend hinzufügen, dass diese These vom Ende des Staates keinesfalls so neu ist, wie es gelegentlich den Anschein hat. Und es sollte auch nicht verschwiegen werden, dass diese These gerade auch von Vertretern einer Disziplin verbreitet wurde, für die der Staat oder das Staatliche im Zentrum ihrer Arbeit steht und für die dann die These vom Untergang des Staates besonders aufregend sein müsste.

So sprach etwa schon Anfang der siebziger Jahre des vergangenen Jahrhunderts der Staatsrechtslehrer Ernst Forsthoff der Bundesrepublik Deutschland den Charakter der Staatlichkeit ab – und zwar in seiner Schrift „Der Staat der Industriegesellschaft“. Seine Begründung lautete: Die Bundesrepublik Deutschland sei unfähig zu geistiger Selbstdarstellung, von Souveränität zu sprechen im Sinne der höchsten und fortdauernden Gewalt wäre absurd und außerdem, so das dritte Argument, habe der Staat der Bundesrepublik Deutschland die Bewährungsprobe nicht bestanden, die ihm durch die Studentenrevolte offeriert worden sei.

Möglicherweise wurde Forsthoff bei diesen Feststellungen inspiriert von seinem Lehrer Carl Schmitt. Vielleicht lässt sich diese Sichtweise Forsthoffs sogar als Konkretisierung einer umfassenderen Diagnose begreifen, die Schmitt rund zehn Jahre zuvor vorgenommen hatte. Schmitt hatte sich 1963 nicht nur über den Staat der Bundesrepublik geäußert, sondern über den Staat schlechthin. In einem neuen Vorwort zu der in den sechziger Jahren wieder aufgelegten Schrift über den „Begriff des Politischen“ schrieb Schmitt knapp und klar: „Die Epoche der Staatlichkeit geht jetzt zu Ende.“ Darüber sei kein Wort mehr zu verlieren. Und mit der Epoche der Staatlichkeit gehe auch der ganze Überbau staatsbezogener Begriffe zu Ende, den eine europa-zentrische Staats- und Völkerrechtswissenschaft in vierhundertjähriger Gedankenarbeit errichtet habe. Der Staat als das Modell der politischen Einheit, der Staat als der Träger des erstaunlichsten aller Monopole, nämlich des Monopols der politischen Entscheidung, dieses Glanzstück europäischer Form und occidentalen Rationalismus – dieses Glanzstück werde entthront.

Nun muss man sich gewiss nicht von jeder dramatisierenden Formulierung beunruhigen und von jeder auf Effekt zielenden Wendung beeindrucken und blenden lassen. Aber es wäre gewiss von besonderem Reiz, einmal aus wissenschaftshistorischer Perspektive die Geschichte dieser Todeserklärungen zu untersuchen, eine Geschichte, die schon im 19. Jahrhundert beginnt. Die ersten, die diese These vom Ende des Staates in die Debatte geworfen haben, dürften Karl Marx und Friedrich Engels gewesen sein. Sie haben bekanntlich schon im letzten Drittel des neunzehnten Jahrhundert das „Absterben des Staates" als zwangsläufige Entwicklung vorausgesagt. Und wissenschaftshistorisch wäre es auch etwa bei einem Autor wie Forsthoff reizvoll zu fragen, ob und in welchem Maße sich in seiner Diagnose tatsächlich soziale Realität widerspiegelt, oder ob vielleicht auch die Larmoyanz eines bürgerlichen Professors, der von den Nachfragen einer nachwachsenden Generation überfordert war – Nachfragen, die vor allem auf das Beschweigen dessen zielten, was sich in Deutschland *vor* 1945 ereignet hat, auf das Beschweigen einer Zeit, in der etwa Forsthoff selbst noch der Ansicht war, ein Rechtsstaat sei bloß der Prototyp einer Gemeinschaft ohne Ehre und Würde und in der er sich dafür aussprach, staatliche Gewalt nach den Ereignissen von 1933 autokratisch zu überhöhen – und zwar mit der von ihm eingeführten Formel vom „totalen Staat".

Aber dieser wissenschaftshistorischen Perspektive soll hier an dieser Stelle nicht weiter nachgegangen werden. Vielmehr möchte ich auf das Folgende hinweisen: Die Thesen vom Untergang des Staates kommen sicherlich nicht selten mit einem zu dramatisierenden und zu aufgeregten Unterton daher. Gleichwohl wird diese These sehr oft und zudem von sehr prominenten und anerkannten Autoren vertreten, so dass gerade für eine sich „staatswissenschaftlich" nennende Fakultät wenn nicht gleich ein prekärer Zustand, so doch zumindest eine „Lage mit Klärungsbedarf" eingetreten sein müsste, zumindest eine Lage, zu der sie sich verhalten muss, wenn sie denn etwas anderes sein möchte als eine Fakultät, die sich nur einem historisch interessanten Gegenstand widmen möchte.

B. Fortbestandsthese des Bundesverfassungsgerichts

In dieser zumindest irritierenden Lage kann vielleicht die jüngere Rechtsprechung des deutschen Bundesverfassungsgerichts helfen. In einem Beschluss von Oktober 2004, in dem es zentral um das Verhältnis zwischen Grundgesetz und europäischer Menschenrechtskonvention ging, hob das

Gericht hervor, dass das Grundgesetz zwar die Einfügung Deutschlands in die Rechtsgemeinschaft friedlicher und freiheitlicher Staaten erstrebe, dabei keinesfalls aber verzichte „auf die in dem letzten Wort der deutschen Verfassung liegende Souveränität".

Und in der im Sommer 2005 ergangenen Entscheidung zum europäischen Haftbefehl ergänzte es ausdrücklich, die durch das Instrument des Europäischen Haftbefehls ermöglichte und früher verbotene Auslieferung von Deutschen an andere Staaten führe nicht zu einer „Entstaatlichung" der vom Grundgesetz verfassten Ordnung. Das Gericht vergisst dabei ebenfalls nicht hinzuzufügen, dass eine solche Entstaatlichung auch der Dispositionsfreiheit des verfassungsändernden Gesetzgebers entzogen wäre.

Dies sind gewiss klare und auch harte Sätze – Sätze, die sich vielleicht auch als Aufruf deuten lassen, *trotz* Globalisierungsdiskussion *weiter* bzw. *trotz* Globalisierungsdiskussion *endlich wieder* von souveräner Staatlichkeit zu sprechen. Und dies nicht zuletzt auch deshalb, weil die Leuchtkraft des Globalisierungsbegriffs als *die* Leitkategorie der Gegenwartsdiagnose, weil die Leuchtkraft dieses Mega-Begriffs doch zuletzt mehr und mehr abzunehmen schien und dessen Strahlen wahrscheinlich noch mehr verblassen werden, wenn sich in Zukunft die von Allgemeinhistorikern gewonnene Erkenntnis weiter durchsetzen sollte, wonach

- wir uns gegenwärtig keinesfalls in einer Zeitenwende befinden, die Gegenwart vielmehr gekennzeichnet ist von einem „neuerlichen", keinesfalls erstmaligem Globalisierungsschub,
- die seit den achtziger und neunziger Jahren des vergangenen Jahrhunderts zu beobachtenden Globalisierungsphänomene auf eine Welt trafen, für die Globalität bereits seit langem nichts Besonderes mehr war und
- wonach die frühneuzeitliche Epoche der Entdeckungen und des Sklavenhandels die Zeit war, die als „Zeitalter der Globalisierung" bezeichnet werden müsste, wenn es denn überhaupt einen Einschnitt gegeben hat, von dem an Globalisierung ein zentrales Thema von Geschichte und Erfahrung wurde.

Aber ich möchte nun nicht weiter versuchen, die These des Bundesverfassungsgerichts in die von den Allgemeinhistorikern geführte Debatte zur Globalisierungsfrage einzuordnen, zumal diese Debatte gegenwärtig offenbar noch in vollem Gang ist. Vielmehr möchte ich näher eingehen auf den in den angeführten Zitaten sichtbar gewordenen Dissens, auf dieses kontroverse Gegenüberstehen von Untergangs- und Fortbestandsthese, auf den Dissens zwischen dieser – auf der einen Seite – Allianz von Staatsrechtslehrern, Historikern und Sozialwissenschaftlern, die das Ende des Staatlichen beschwören und auf der anderen Seite den Richtern des deutschen Bundesverfassungsgerichts, die die fortdauernde Existenz des modernen souveränen Staates doch mit einer beeindruckenden, vielleicht auch kaltschnäuzigen Apodiktik behaupten.

Die Möglichkeit, dass dieser Dissens nur ein terminologischer ist, dass zwar alle den Terminus „Staat“ verwenden, aber doch gänzlich Unterschiedliches meinen – diese Möglichkeit einer Bedeutungsdifferenz trotz Wortidentität scheidet dabei wohl aus. Im Kern meinen alle *weitgehend* dasselbe, wenn sie von „Staat“ sprechen. Alle genannten Wortverwendungen zielen auf den „modernen Staat“ im Sinne eines Typusbegriffs für die seit einem halben Jahrtausend wirkungsmächtigste Erscheinung des sozialen Lebens. Ich möchte deshalb fragen, wie die zitierte Position des Bundesverfassungsgerichts, wie dessen Fortbestandsthese, zu verstehen und zu bewerten ist.

Ist sie – so die erste Möglichkeit – als Beispiel für eine bei Juristen oftmals monierte Realitätsverweigerung zu deuten, gestützt auf die Beobachtung, dass Juristen Realitäten gerne ausblenden, wenn sie nicht in die tradierten Begriffe und Kategorien passen – wobei ich allerdings zu deren Verteidigung auch hinzufügen muss, dass juristisches Handeln ein Handeln, Entscheiden und Begründen innerhalb eines hochspezialisierten und gelegentlich auch nicht unkomplizierten Argumentationssystems bedeutet, bei dem mitunter mit Fiktionen gearbeitet werden muss, sogar mit bewusst realitätswidrigen Annahmen, um so die dem Rechtssystem gestellten Funktionen zu erfüllen.

Oder aber – anders und ideologiekritisch gefragt – ist diese Fortbestandsthese nur Teil einer Argumentationsstrategie etatistisch gesonnener Juristen, die damit der oft beklagten Verneinung, Abwertung und Missachtung des Staatlichen entgegentreten wollen, die vielleicht in der Rolle als Verfassungsrichter gar eine Strategie zur Sicherung ihrer judikativen Macht verfolgen? Es kommt aber noch eine weitere, ganz banale Möglichkeit in Betracht. Vielleicht ist das Ende souveräner Staatlichkeit in den vergangenen fünfzig Jahren regelmäßig zu Unrecht ausgerufen worden? Ist also möglicherweise die Untergangsthese schlichtweg falsch?

C. Prüfprogramm und Prüfkriterien

Mir geht es nicht darum zu klären, ob „der“ Staat fortbesteht oder untergegangen ist. Ich möchte bescheidener ansetzen. Die Frage soll lauten: Ist die Bundesrepublik Deutschland noch als Staat, noch als souveräner Staat zu begreifen oder nur mehr als eine Art hochpotenzierte, aber letztlich fremdgesteuerte Gebietskörperschaft. Es soll also nicht um die „Staatlichkeit" überhaupt gehen; diese Frage wäre im Übrigen wohl auch nur wirklich seriös mit großem Forschungsaufwand zu beantworten, angesichts von über zwei Hundert Staaten, die gegenwärtig bei den Vereinten Nationen gemeldet sind.

Bei der Klärung dieser Frage soll eine soziale Organisation dann Staat genannt werden dürfen, wenn die folgenden Voraussetzungen gegeben sind:

Erstens: Sie muss aus einer Vielzahl von Menschen bestehen, die dieser Organisation zuzuordnen sind, aufgrund eines besonderen Systems von Rechten und Pflichten. Und eine signifikante Anzahl dieser Menschen muss sich – dies ist das nicht-normative, das empirische Moment – zumindest in einem gewissen Grade als zu dieser Organisation zugehörig verstehen. Zweitens: Diese Organisation muss über ein Territorium verfügen, auf dem die ihr zugehörigen Menschen üblicherweise leben. Und Drittens: Diese Organisation verfügt über eine Herrschaftsgewalt, die sich auf das genannte Territorium erstreckt und der die Menschen unterworfen sind, die auf diesem Territorium leben bzw. die sich dort aufhalten.

Diese Kriterien sind natürlich der berühmten Drei-Elemente-Lehre Georg Jellineks entlehnt. Und mir ist gewiss auch bekannt, dass viele diese Formel für unangemessen halten, manche sie sogar lediglich als Versatzstück ansehen – aus dem Antiquitätenladen der Staatstheorie. Aber dieser Formel haftet nicht nur der Charme des Formalen an – sie ist als analytisches Instrument auch nützlich. Und außerdem ist sie praktisch relevant. Eine Vielzahl von Vorgängen des internationalen Rechts erschließt sich nur, wenn diese Formel angewendet wird, etwa bei den komplexen Fragen der Staatsentstehung und des Staatsuntergangs.

Auf das dritte Element dieser Formel, das Element der Herrschaftsgewalt, möchte ich etwas näher eingehen. Die Herrschaftsgewalt ist das entscheidende Glied innerhalb der Drei-Elemente-Lehre. Sie macht aus einem bestimmten Territorium ein Staatsgebiet und aus einer bestimmten Gruppe von Menschen ein Staatsvolk. Diese Herrschaftsgewalt legt fest, *welche Personen* zu diesem Volk gehören und *wie weit* das *Gebiet* reicht, über das sich die Herrschaft erstreckt. Außerdem legt sie fest, *wie* sich die Menschen auf diesem Gebiet *verhalten* sollen und – dies ist entscheidend – diese Herrschaftsgewalt verfügt auch über die *Mittel*, ihre Festlegungen gegen Widerstand durchzusetzen.

Da die Festlegungen dieser Herrschaftsgewalt als Normen verstanden werden können, als Singehalt von Willensakten in Gestalt von Sollenssätzen, lassen sich die Funktionen der Staatsgewalt auch beschreiben als Normsetzung, Norminterpretation und -erkenntnis sowie Normdurchsetzung.

Mit dieser Funktion der Normdurchsetzung ist – ich sage damit gewiss nichts Überraschendes – die von Max Weber in die Staatstheorie eingeführte Kategorie des „Monopols legitimer physischer Gewaltsamkeit" angesprochen. Nach Weber soll bekanntlich „Staat" ein „politischer Anstaltsbetrieb" dann heißen, „wenn und insoweit sein Verwaltungsstab erfolgreich das Monopol legitimen physischen Zwanges für die Durchführung der Ordnungen in Anspruch nimmt".

Über die Nützlichkeit und Angemessenheit dieser berühmten Formel Webers wird, auch damit sage ich natürlich nichts Neues, bis heute heftig gestritten. Die einen feiern sie als „wirkungsmächtigste Staatsdefinition des 20. Jahrhunderts". So ist etwa in einem Beitrag in dem US-amerikanischen Journal „Telos" aus dem Jahre 1996 zu lesen, „Weber's Definition of the state has gained international acceptance and today it is hardly ever challenged". Aber – die Webersche Formel hat auch entschiedene Ablehnung erfahren – und dies gerade von juristischen, von staatsrechtlichen Autoren. Hermann Heller und, in seiner Gefolgschaft, auch Autoren aus den siebziger Jahren kanzelten Weber und seine Definition ab – etwa als „absolut nichtssagend". Sie könne „gefährliche Konsequenzen" zeitigen. Ähnlich äußern sich auch systemtheoretisch denkende und arbeitende Autoren, so etwa Helmut Willke in seinem Buch über die „Ironie des Staates": Darin heißt es: Die Webersche Definition sei „nicht nur defizitär, sondern auch irreführend".

Um sogleich Missverständnissen vorzubeugen, möchte ich auf das Folgende hinweisen: In einem strengen empirischen Sinne kann natürlich nicht die Rede davon sein, dass der Staat Inhaber des Gewalt-„monopols" ist. Die Existenz nicht-staatlicher Gewalt ist ein Grundtatbestand staatlich organisierter Gesellschaften. Die Schulhofschlägerei, der Raubüberfall, das terroristische Attentat – natürlich ist Gewalt kein exklusiv staatliches Phänomen. Bei einer empirischen Betrachtung wird man allenfalls sagen können, dass der staatlichen Herrschaftsgewalt quantitativ mehr und qualitativ andere Gewaltmittel zur Verfügung stehen.

Zudem ist die Formel vom Gewaltmonopol im Sinne Webers *nicht* im Sinne eines politischen Postulates zu verstehen. Damit meine ich etwa im politischen Feld geäußerte Forderungen, sich endlich wieder des staatlichen Gewaltmonopols zu erinnern und es zu aktivieren – Forderungen, die dann vermehrt auftreten, wenn private, nicht-staatliche Gewalt in einem beunruhigenden Maße zunimmt. Vielmehr ist die Kategorie des „Gewaltmonopols" als eine Kategorie zur Erkenntnis und Identifizierung einer bestimmten Form der Herrschaftsorganisation zu verstehen – und als eine solche Erkenntniskategorie verhält sie sich gegenüber dem faktischen Ausmaß nicht-staatlicher Gewalt, etwa gegenüber Kriminalitätsquoten, indifferent. Nimmt etwa private, illegitime Gewalt überhand, zielt sie gar auf eine andere politische Ordnung und kann legitime Gegengewalt nicht mehr in ausreichendem Maße eingesetzt werden, um jene private Gewalt zu bändigen, löst sich eben eine bestimmte Ordnung, eine bestimmte Staatsordnung auf. Das Gewaltmonopol als *Kategorie* für die Erkenntnis sozialer Phänomene und Organisationen steht damit nicht in Frage. Gerade um einen solchen Auflösungsprozess erkennen und analysieren zu können, ist die Kategorie des Gewaltmonopols nützlich und hilfreich.

Bei dieser Kategorie handelt es sich um ein durchaus voraussetzungsreiches Konstrukt. Denn die Formel vom Gewaltmonopol setzt zunächst einmal, und dies ist banal, das Vorhandensein von Gewaltmitteln, von Personal und Waffen voraus. Sodann verlangt sie in einem rechtlich voll durchorganisierten Herrschaftssystem nach Definitionen legitimer bzw. illegitimer Gewalt, also die Bestimmung von Tatbeständen, in denen der Einsatz der Gewaltmittel zulässig bzw. verboten ist. Dies erfordert in einem Herrschaftssystem, das auf den Rückgriff metaphysischer Normbegründungen weitgehend verzichtet und das Legitimität vor allem mit Legalität gleichsetzt, eben „legale" bzw. „illegale" Gewalt zu definieren. Mit anderen Worten: Es geht bei der Formel vom Gewaltmonopol um die Frage der Verteilung von Gewaltausübungsrechten!

Diese Definitionen legaler bzw. illegaler Gewalt umfassen dabei:

- Regeln über den Einsatz von Gewalt mit dem Ziel, Normverletzungen überhaupt erst einmal *feststellen* zu können,
- dann Regeln, *welche Gewaltmittel* eingesetzt werden dürfen,
- und Regeln darüber, *wer* diese Mittel einsetzen darf und unter Umständen sogar muss – sowie unter welchen *tatbestandlichen* Voraussetzungen diese Mittel einsetzbar sind.

Dies zeigt im Übrigen, dass die Kategorie des Gewaltmonopols selbst eine nur rechtsnormativ-fassbare und beschreibbare Größe ist.

Eine weitere Präzisierung dieser Kategorie ist durch die Betrachtung des Zwecks möglich, dem der Einsatz legitimer und damit legaler physischer Gewaltsamkeit dient: Die Wahrnehmung des Gewaltmonopols erfolgt, um die Geltung der Norm, die verletzt wurde oder aber verletzt zu werden droht, zu bestätigen und damit den ihr innewohnenden Befolgungsanspruch zu stabilisieren. Dieser Zweck, die Normbeachtung und -befolgung, wird eben nicht durch die Kraft des überzeugenden Arguments erreicht, die Normbeachtung- und befolgung beruht auch nicht auf Einsicht. Sie beruht vielmehr auf dem Einsatz physischen Zwangs, mithin auf der Zufügung von letztlich auch körperlich spürbaren Einwirkungen.

Um es noch weiter zu verdeutlichen: Das Monopol legitimer physischer Gewaltsamkeit betrifft den Teil des Rechtssystems, das seine eigene Befolgung thematisiert und regelt. Der Staat ist dabei gewiss nicht auf das

Moment der Gewaltsamkeit zu reduzieren. Staat ist mehr als Gewaltsamkeit. Aber Staat ist auch Gewaltsamkeit. Gewalt ist ein unverzichtbares Element des Staates.

Dieses Mittel der Gewaltsamkeit ist dabei auch nicht permanent sicht- und spürbar. Eine Vielzahl von Normbefolgungen lassen sich allein aus der Bejahung ihrer Sinnhaftigkeit erklären, auch etwa aus der bei den Normadressaten vorhandenen Einsicht in die mögliche Vernünftigkeit einer Norm. Und das Mittel der Gewaltsamkeit wird auch nicht immer sofort mit aller Härte eingesetzt. Es findet regelmäßig nur in sehr fein differenzierter, graduell abgestufter Weise Verwendung. Man denke hier an die subtilen Regeln des Verwaltungs- und Zwangsvollstreckungsrechts oder an die des Strafverfahrens- bzw. -vollzugsrechts. Aber: Wenn auch das Mittel der Gewaltsamkeit nicht permanent in Erscheinung tritt – allgegenwärtig ist die Möglichkeit, dass dieses Mittel der Gewaltsamkeit im Falle einer geschehenen oder drohenden Normverletzung eingesetzt wird. Dieses Mittel der Gewaltsamkeit steht hinter *jedem* Normbefolgungsanspruch, als *Reserve* für den Fall, dass Einsicht und Akzeptanz als Quelle der Normbefolgung ausfallen sollten.

Was nun schließlich das Kriterium der Souveränität angeht, so soll von folgender Definition ausgegangen werden: Als „souverän" soll eine Staatsgewalt dann gelten, wenn die von ihr getroffenen Festlegungen, also Normen, nicht durch Normen einer anderen, von ihr zu differenzierenden autonomen Herrschaftsgewalt eingeschränkt oder verdrängt werden können. Eine Staatsgewalt ist mithin souverän, wenn sie über die Kompetenz verfügt, selbst über Inhalt und Geltung von Rechtsnormen zu entscheiden. Und da kompetenz-zuweisende Vorschriften selbst als Rechtsnormen in Betracht kommen, umfasst dieses Souveränitätsverständnis auch die Kompetenz, über die Kompetenzordnung selbst zu verfügen, also die Kompetenz-Kompetenz auszuüben.

Dieses Souveränitätsverständnis lässt sich mit der Friedens- und Steuerungsfunktion von staatlicher Herrschaftsgewalt begründen. Der Schutz- und Sicherheitsauftrag staatlicher Herrschaftsgewalt sowie ihre Gestaltungs- und Steuerungsfähigkeit erfordern eine klare Kompetenzzuordnung. Unklare Kompetenzregelungen führen zu rechtlich nicht mehr klärbaren Kompetenzkonflikten und damit zu Desorganisation, zum Teil auch zu Stillstand und auf jeden Fall zu vermeidbaren ökonomischen und politischen Kosten. Und nur im Falle einer transparenten Kompetenzordnung ist es möglich, Verantwortung offen legen und zuweisen zu können und bei Fehlentwicklungen in der Lage zu sein, notwendige Korrekturen vorzunehmen.

Bei der Erörterung der Souveränitätsfrage sollte aber eine zweifache Betrachtung vorgenommen werden. Einmal eine juristische Betrachtung.

Dabei muss die Frage lauten, wem aufgrund des vorhandenen Normenmaterials die Kompetenz zur letztverbindlichen Entscheidung zugewiesen ist. Daneben aber ist auch die rechtstatsächliche Betrachtung unverzichtbar, also die Frage, *wer* in einem Konfliktsfall denn *tatsächlich* das letzte Wort spricht.

D. Prüfung

Wie ist es nun angesichts dieser Merkmale und Kriterien um die Staatlichkeit der Bundesrepublik Deutschland bestellt?

1. Staatsvolk, Staatsgebiet und Staatsgewalt?

Die Feststellung, dass es nach wie vor ein der Bundesrepublik Deutschland zuzuordnendes Staatsvolk gibt – rechtlich wie empirisch – diese Feststellung ist so banal wie zutreffend. Aber 1992 ist neben die deutsche Staatsangehörigkeit die europäische Unionsbürgerschaft getreten und damit ein Regime von Rechten und Pflichten geschaffen wurde, das die Bürger der Bundesrepublik Deutschland mit einer weiteren Herrschaftsgewalt verbindet. Das deutsche Staatsvolk hat sich damit gewiss nicht aufgelöst. Wohl aber ist die Bindung der deutschen Bürgerinnen und Bürger zur Bundesrepublik nicht mehr einzig und exklusiv, zu dieser Bindung ist eine sie zumindest ansatzweise relativierende Komponente hinzugetreten.

Zum territorialen Element: Nach wie vor verfügt die Bundesrepublik Deutschland über ein Gebiet, das ihr zugeordnet werden kann, auf dem auch der überwiegende Teil des deutschen Volkes lebt. Und die Herrschaftsgewalt der Bundesrepublik trifft nach wie vor verbindliche Festlegungen für die Personen, die sich auf diesem Gebiet aufhalten bzw. für die Vorgänge, die sich auf diesem Gebiet ereignen. Ferner dient dieses Gebiet immer noch als wichtiger territorialer Anknüpfungspunkt für den räumlichen Geltungsbereich deutscher, von deutscher Staatsgewalt stammender Rechtsnormen. Jedoch auch hier sind einige bemerkenswerte Veränderungen festzustellen. Durch den Abbau der Grenzkontrollstellen zu zahlreichen Anrainerstaaten hat die Wahrnehmbarkeit des Gebietes als konstitutives Element des Staates abgenommen. Zudem hat die deutsche Staatsgewalt einen nennenswerten Anteil ihrer gebietsbezogenen Exklusivität verloren. Es existiert inzwischen eine Vielzahl von Verträgen, die ausländischen Organen erlauben, auf deutschem Gebiet ihre aus deutscher Sicht fremdstaatlichen Normen durchzusetzen, ohne dass bei diesen Vorgängen deutsche Organe beteiligt wären. Festzuhalten ist daher, dass *auch* bezüglich des Elements „Staatsgebiet“ Relativierungen zu erkennen sind.

Zum dritten Element, zum Element der Staatsgewalt, und dabei zunächst zur Funktion der *Normsetzung*. Die Bundesrepublik Deutschland legt *nicht mehr allein* fest, wie sich die Menschen verhalten sollen und dürfen, die sich auf ihrem Gebiet befinden. Allbekannt ist die Tatsache, dass eine Vielzahl von in Deutschland geltenden Normen europäischen Ursprungs ist. Der frühere Präsident der EG-Kommission Jacques Delors hat einmal für das Jahr 1998 vorausgesagt, dass 80 % der in den Mitgliedstaaten der Europäischen Union geltenden Wirtschaftsgesetze europäisch determiniert seien. Dies war wahrscheinlich übertrieben. Auf den genauen Prozentsatz des heute in Deutschland geltenden europäischen Rechts kommt es aber auch gar nicht an. Ob Zivilrecht, Strafrecht oder sonstiges öffentliches Recht: Die Wahrnehmung, dass das Ausmaß des in Deutschland geltenden europäischen Rechts beträchtlich ist, wird durch zahlreiche subjektive Erfahrungen bestätigt.

Was die Funktion der Norm*erkennntnis* und *-interpretation* angeht, so ist auch dieser Bereich in beträchtlichem Maße europäisiert. Der Europäische Gerichtshof versteht sich als Motor der europäischen Integration und nimmt daher seine Zuständigkeiten sehr offensiv wahr. Das Bundesverfassungsgericht erinnert zwar regelmäßig daran, dass ihm die Zuständigkeit der letztverbindlichen Interpretation und Erkenntnis zusteht, aber der Befund, dass neben ihm eine mit ihm heftig konkurrierende Gerichtsbarkeit steht, ist nicht in Zweifel zu ziehen. Ich komme darauf noch zurück.

Schließlich zur Frage der *Normdurchsetzung*. Die Bundesrepublik Deutschland besitzt immer noch eine bedeutende Zahl von Sicherheitsbehörden, um geschehene Normverletzungen aufdecken und sanktionieren, bzw. drohende Normverletzungen verhindern zu können. Gleichwohl bezweifele ich sehr, ob die jüngst zu lesende Beschreibung des Berliner Politikwissenschaftlers Michael Zürn zutreffend ist. Ihm zufolge kann nämlich von einer Internationalisierung der Gewaltmittel keine Rede sein. Die nationalen Gewaltapparate würden zwar internationalen Standards unterworfen und müssten sich beispielsweise im Zuge der europäischen Polizeikooperation „etwas öffnen". Die Kontrolle der Gewaltmittel verbleibe aber in den Händen der Nationalstaaten. Meiner Beobachtung nach ist der Bereich der Normdurchsetzung indessen längst nicht mehr alleinige Sache etwa des europäischen Mitgliedstaates „Bundesrepublik Deutschland". Meines Erachtens ist es zwischenzeitlich zu einer signifikanten Europäisierung und damit Internationalisierung des Gewaltmonopols gekommen.

Zunächst: In den letzten fünfzehn Jahren sind zahlreiche europäische Sicherheitsbehörden entstanden. Zu nennen sind das Europäische Polizeiamt, das europäische Amt für Betrugsbekämpfung, das Schengener Informationssystem, Eurojust – hier handelt es sich um eine europäische Behörde, die die Aufgabe hat, in den Mitgliedstaaten laufende Ermittlungs- und Strafverfolgungsmaßnahmen zu koordinieren – oder schließlich: die europäische Agentur für die operative Zusammenarbeit an den Außengrenzen der EU. Außerdem ist zu erwähnen, dass sich eine europäische Staatsanwaltschaft und gemeinsame Ermittlungsgruppen in der Planungsphase befinden.

Zwar muss man betonen, dass diese Behörden zwar selbst nicht mit Gewaltmitteln ausgestattet sind und auch nicht über das Recht zur unmittelbaren Anwendung von Gewalt verfügen. Dies existiert nur im militärischen Bereich. Hier erhält die EU von Fall zu Fall Gewaltmittel. Deren Einsatz ist jedoch nur vorgesehen für Territorien außerhalb der Europäischen Union. Die Union selbst verfügt zwar nicht über Gewaltmittel und auch nicht über Gewaltausübungsrechte. Aber sie nutzt die *staatlichen* Gewaltmittel und nimmt auf deren Ausübung *Einfluss*! Dies lässt sich auf vier Beobachtungen stützen.

Die nationalen Behörden sind – erstens – verpflichtet, ihre Gewaltmittel einzusetzen, um europäischen Behörden die *Überprüfung* von potentiellen *Normverletzungen* zu *ermöglichen*. So kann etwa das *Europäische Polizeiamt* verlangen, dass die nationalen Behörden entsprechende Informationen beschaffen und weitergeben, die Europol für seine Ermittlungen braucht. *Eurojust* kann in den Mitgliedstaaten Ermittlungen in Gang setzen oder die Aufnahme der Strafverfolgung in bestimmten Fällen verlangen. Die *EG-Kommission*, die etwa Verstöße gegen das Wettbewerbsrecht untersucht, kann sich nationaler Polizeikräfte bedienen, wenn sich etwa ein Unternehmen entsprechenden Nachprüfungen widersetzt. Ein weiteres *Beispiel außerhalb des Polizeibereichs*: die Regelungen des EG-Vertrages über die Zwangsvollstreckung von Entscheidungen des Rates und der Kommission, die eine Geldzahlung auferlegen. Danach sind die nationalen Behörden verpflichtet, eine durch europäische Organe festgesetzten Geldforderung mit Hilfe des nationalen Zwangvollstreckungsrechts und damit mit den nationalen Vollstreckungsmitteln auch durchzusetzen.

Zweitens: Die nationalen Behörden sind verpflichtet, ihre Gewaltmittel einzusetzen, um *Verletzungen* europäischen Rechts zu *verhindern*. Als illustrative Beispiele können dafür die Entscheidungen des Europäischen Gerichtshofs zu den französischen Bauernprotesten und zur Brenner-Blockade dienen.

Im Jahre 1993 protestierten französische Bauern gegen die Einfuhr von spanischem Obst und Gemüse. Die Preise der spanischen Produkte lagen stark unter denen der französischen. Bei den Protesten der Bauern kam es mehrfach zu heftigen Ausschreitungen. Die spanischen Lieferungen wurden teilweise völlig zerstört, auch deshalb, weil die französische

Polizei nur halbherzig gegen die französischen Bauern vorging. Der EuGH hat in diesem Fall, bei dem die spanischen Produzenten klagten, entschieden, dass bei Verletzungen des freien Warenverkehrs die Mitgliedstaaten die Pflicht haben, *alle* Maßnahmen zum Schutz dieser Grundfreiheit zu ergreifen, und das heißt: auch den Einsatz unmittelbaren Zwanges, also Gewaltmittel, um den freien Warenverkehr, ein Rechtsgut des Europarechts, zu schützen. Es gäbe dabei auch keinen Ermessensspielraum für die mitgliedstaatlichen Behörden. Sie könnten sich nicht auf Erwägungen wie „Vermeidung von Eskalationen" oder „Existenz von Ausgleichsansprüchen" berufen.

Ein ähnlicher Fall ereignete sich 1998 in Österreich: Umweltschützer, Mitglieder eines Vereins zum Schutz des Lebensraumes in der Alpenregion, hatten bei den Ordnungsbehörden eine Demonstration an der Brenner-Autobahn angekündigt. Dabei hatten sie auch mitgeteilt, die Brenner-Autobahn mehrere Stunden lang blockieren zu wollen. Der zuständige österreichische Sicherheitsdirektor hatte dabei die ausdrückliche Weisung an die Polizeibehörden erteilt, die Blockade *nicht* zu verhindern. Daraufhin hat ein deutsches Speditionsunternehmen die Republik Österreich auf Schadensersatz verklagt. Österreich habe den Grundsatz des freien Warenverkehrs verletzt, wodurch dem Transportunternehmen ein beträchtlicher Schaden entstanden sei. Auch in diesem Fall hat der EuGH entschieden, dass bei Behinderungen des freien Warenverkehrs die Mitgliedstaaten verpflichtet sind, prinzipiell *alle* Maßnahmen zu ergreifen, die notwendig sind, um Beeinträchtigungen des freien Warenverkehrs zu verhindern, also auch polizeilichen Zwang.

Drittens: Die nationalen Behörden sind nicht nur verpflichtet, drohende Verletzungen des europäischen Rechts zu verhindern. Sie sind auch verpflichtet, ihre Gewaltmittel einzusetzen, damit geschehene *Verletzungen* europäischen Rechts *adäquat geahndet* werden. Die Mitgliedstaaten, so der EuGH, sind verpflichtet, Verstöße gegen europäisches Recht nach ähnlichen sachlichen und verfahrensrechtlichen Regelungen zu ahnden wie gleichartige Verstöße gegen nationales Recht.

Und schließlich viertens: Durch europäisches Recht ist nicht nur bestimmt, dass und unter welchen Voraussetzungen staatliche Gewaltausübungsrechte wahrzunehmen und staatliche Gewaltmittel einzusetzen sind. Europäisches Recht bestimmt auch, *wie* dies zu geschehen hat. So entschied der EuGH, dass die Sanktionen „wirksam, verhältnismäßig und abschreckend" sein müssten. Daneben existieren zahlreiche Rechtsakte, die die Durchführung von Strafverfahren betreffen, so etwa zur konkreten Strafhöhe bei bestimmten Delikten, zur Rechtsstellung von Opfern im Verfahren, zur Überstellung und Auslieferung von Personen oder zur Verwertung von Beweismitteln.

Zusammenfassend lässt sich daher für den Bereich der Normdurchsetzung festhalten: Die Bundesrepublik Deutschland hat – dies gilt natürlich auch für die anderen europäischen Staaten – ihr Gewaltmonopol noch nicht an die Europäische Union abgetreten oder übertragen. Die Europäische Union verfügt noch nicht über eigene Gewaltmittel. Aber – und dies scheint mir doch ein bemerkenswerter Vorgang zu sein – die Europäische Union partizipiert am staatlichen Gewaltmonopol und profitiert davon. Zu beobachten und festzustellen ist eine Indienstnahme und Steuerung des staatlichen Gewaltmonopols durch die überstaatliche Europäische Union.

Als Zwischenresümee kann also festgehalten werden, dass in Bezug auf die Bundesrepublik Deutschland gegenwärtig die tradierten Merkmale Staatsgebiet, Staatsvolk und Staatsgewalt trotz der beschriebenen Relativierungen noch bejaht werden. Aber wie steht es nun um die Souveränität dieser deutschen Staatlichkeit?

2. Souveränität deutscher Staatlichkeit?

Die Europäische Union – wir wisse dies – setzt Rechtsnormen in zahlreichen Politikfeldern, interpretiert verbindlich Normen und hält sich selbst im Bereich der Normdurchsetzung nicht mehr zurück. In einigen Segmenten, in denen auf europäischer Ebene das Mehrheitsprinzip gilt, hat die Bundesrepublik noch nicht einmal mehr die Möglichkeit, sich Normen der Europäischen Union zu verweigern, selbst wenn diese Normen ihren nationalen Interessen fundamental widersprächen.

Aber – es wurde eingangs zitiert – aus Sicht des Bundesverfassungsgerichts sei die Bundesrepublik Deutschland dennoch nach wie vor ein souveräner Staat. Im übrigen war dies auch die Auffassung einer langen Zeit recht starken Strömung der deutschen Staatsrechtslehre, die dem Gericht sekundierte. Es handelt sich jedoch um eine Strömung, die in der Zwischenzeit, so scheint es, stark zusammengeschmolzen ist zu einer Größe, die vernachlässigt werden kann.

Die These, trotz der immensen normsetzerischen Aktivitäten der Union sei die Bundesrepublik Deutschland dennoch ein souveräner Staat, stützt sich auf das Argument, die Normsetzungsbefugnisse der Union beruhten auf Hoheitsrechtsübertragungen, die freiwillig vorgenommen worden seien und die jederzeit wieder rückgängig gemacht werden könnten. Die Bundesrepublik verfüge nach wie vor über die Kompetenz-Kompetenz, in deren Wahrnehmung sie die Union *begrenzt* zur Normsetzung ermächtigt habe, eine Union, aus der sie im übrigen jederzeit auch wieder austreten könne.

Diese Sichtweise, ich sagte es schon, hat in der staats- und europarechtlichen Literatur mehr und mehr an Unterstützung verloren. Ich will auf die einzelnen Einwände gar nicht eingehen. Ich möchte nur auf die beträchtliche Realitätsfremdheit dieser Souveränitätsbejahung durch das Bundesverfassungsgericht hinweisen, insbesondere auf das Argument der freiwilligen und jederzeit widerrufbaren Übertragung von Hoheitsrechten auf die Europäische Union.

Zunächst: Es dürfte sich bei der Mehrheit der deutschen Bevölkerung wie auch bei der Mehrheit der deutschen Eliten um einen Gemeinplatz handeln, dass die Bundesrepublik Deutschland faktisch gar nicht mehr in der Lage ist, ihre Aufgaben autonom und autark zu erfüllen. Hoheitsrechtsübertragungen geschahen und geschehen keinesfalls freiwillig, sondern aufgrund faktischer Zwänge. Ein Austritt aus der Union, selbst wenn er denn rechtlich überhaupt möglich wäre, ein solcher Austritt aus der Union und damit eine „Re-Souveränisierung“ der Bundesrepublik wäre zumindest gegenwärtig gar nicht möglich und politisch mit hoher Wahrscheinlichkeit auch gar nicht durchsetzbar.

Ich möchte sogar noch einen Schritt weitergehen. Ich sehe auch Anzeichen dafür, dass sich die Bundesrepublik Deutschland der Herrschaftsgewalt der Europäischen Union längst unterworfen hat. Treffende Belege liefert dazu unter anderem das Bundesverfassungsgericht selbst. Offiziell beansprucht das Gericht die Kompetenz der letztverbindlichen Norminterpretation und Normerkenntnis. Im selben Atemzug relativiert das Gericht aber diesen Anspruch mit dem Hinweis, es übe seine Gerichtsbarkeit nicht im „Hierarchie-“, sondern im „Kooperationsverhältnis“ mit dem EuGH aus. Und damit das Gericht bezüglich seines Anspruchs der Letztverbindlichkeit nur nie beim Wort genommen werden kann, hat es so hohe Hürden für potentielle Konflikte mit dem EuGH errichtet, dass sie niemals überwindbar sein dürften. So hat das Gericht etwa im Bananenmarktbeschluss geäußert, es werde schon noch auf die Geltung der nationalen Grundrechte gegenüber europäischen Rechtsakten pochen, aber eben nur dann, wenn das nach dem Grundgesetz „unabdingbar gebotene“ Schutzniveau der Grundrechte auf der europäischen Ebene „generell“ nicht gewährleistet sei – ein Zustand, der faktisch nie nachweisbar sein dürfte.

Ein weiteres Beispiel dafür, dass die Bundesrepublik Deutschland die eigene Souveränität gegenüber der Europäischen Union preisgegeben und sich der europäischen Hoheitsgewalt schon unterworfen hat, liefert das Thema „Waffendienst“ für Frauen. Der EuGH entschied bekanntlich unter Berufung auf eine Richtlinie aus den sechziger Jahren, auch deutschen Frauen dürfe der Dienst mit der Waffe nicht verweigert werden – obwohl zum Zeitpunkt dieser Entscheidung das Grundgesetz explizit das Gegenteil statuierte und auch kurz zuvor das höchste deutsche Verwaltungsgericht festgestellt hatte, dass die EU und damit der EuGH gar keine Kompetenz besäße, über diese Frage zu entscheiden. Der EuGH entschied doch und bekanntlich anders als das Grundgesetz. Und der verfassungsändernde deutsche Gesetzgeber hat dann nicht etwa gegen diese Kompetenzanmaßung des EuGH protestiert, sondern er hat eiligst das Grundgesetz an die Rechtsprechung des EuGH angepasst.

Wie lässt sich dieser Vorgang anders deuten, als dass die Souveränität, als dass das Recht des letzten verbindlichen Wortes, dem EuGH und damit der EU zuerkannt wurde? Oder sollte man etwa in einem pazifismusbegeisterten Deutschland erkannt haben, wie wichtig es für die Gleichberechtigung der Frau ist, dass sie auch das Recht erhält, zum Kreis der Waffenträger zu gehören? Eine solche Deutung scheidet meines Erachtens aus.

Es ließen sich noch weitere Beispiele dafür anführen, dass die europäische Hoheitsgewalt sukzessive in beinahe alle Politikbereiche mit ihren Normsetzungen vorgedrungen ist, und dass ihre Normbefolgungsansprüche auch akzeptiert und erfüllt werden, selbst wenn die geltungsstärksten nationalen Vorschriften dem widersprechen sollten. Wenn angesichts dieser Lage dennoch von der Souveränität der Bundesrepublik gesprochen wird, so erinnert dies manchmal an die Situation, in der man sich vom Etikett einer besonders guten Flasche Wein ungemein beeindrucken lässt, dabei aber gar nicht so recht realisiert, dass die Flasche schon längst leer ist.

Gewiss kann man vorbringen, dass juristische Deutungen und Theorien des Staates eben keine soziologischen oder sozialwissenschaftlichen seien, dass eine notwendige Differenz besteht zwischen juristischen, an Rechtsnormen ausgerichteten Theorien und den tatsächlichen Verhältnissen, auf die sich die zur Theoriebildung herangezogenen Normen beziehen. Juristische Theorien, die die Realitäten des Rechts zu sehr ausblenden, sind aber in zweifacher Weise gefährdet. Sie sind einmal gefährdet, weil sie in den Verdacht geraten, ins Rhetorisch-Ideologische abzugleiten, sodann, weil sie Gefahr laufen, recht schnell bedeutungslos zu werden. Denn wenn auch zwischen dem Sein und dem Sollen bekanntlich eine kategoriale und unüberwindliche Kluft besteht – falsch wäre es aber anzunehmen, dass beide Ebenen gänzlich beziehungslos nebeneinander stünden.

E. Ergebnis

Das Gebilde „Bundesrepublik Deutschland“ kann weiterhin als „Staat“ begriffen werden. In Bezug auf die Bundesrepublik gibt es also gute Gründe, der Einschätzung *Arno Waschkuhns* zuzustimmen, dass von einem „Ende der Staatlichkeit" keinesfalls die Rede sein könne. Zugleich aber ist ebenfalls seiner These zuzustimmen, dass, wie er formulierte, die „nationalen Souveränitätsverzichte in zunehmendem Maße eine paradigmatische Qualität gewinnen". Im Falle der Bundesrepublik Deutschland handelt es sich, so kann man vielleicht sagen, zwar um einen Staat, aber um einen „souveränitätslosen Staat" – eine Erkenntnis, der, wie ich finde, mit Gelassenheit begegnet werden kann. Denn es besteht wenig Grund zur Sorge, wenn die Aufgaben, die Herrschaftsorganisationen zu erfüllen haben, auch erfüllt werden. Und erst wenn auf der Ebene der Norm*durchsetzung* Souveränitätsprätenden miteinander konkurrieren und ihre Gewaltmittel im Falle kollidierender Normen gegeneinander in Stellung zu bringen beabsichtigen, erst dann wäre meines Erachtens ein wirklich kritischer Zustand erreicht. Aber davon scheinen wir weit entfernt.

In Zeiten der Globalisierung, oder genauer: in Zeiten eines neuen Globalisierungsschubes, können wir also gegenwärtig, bezogen auf die Bundesrepublik Deutschland, weiter von „Staat" sprechen, aber eben nicht mehr von „souveräner" Staatlichkeit. Und wir können und müssen daher auch annehmen, dass sich die Erscheinungsformen des Staatlichen gegenwärtig mitten in einem besonders intensiven Prozess des Funktions- und Gestaltwandels befindet. Diesen Prozess zu verstehen und darzustellen, sollte gerade für unsere Staatswissenschaftliche Fakultät Aufgabe und Herausforderung sein. Und bei dieser Aufgabe können uns vor allem die Arbeiten unseres viel zu früh verstorbenen Kollegen und Freundes Arno Waschkuhn eine sehr wertvolle Hilfe sein. Dafür sind wir ihm zu Dank verpflichtet.

Literatur

Albrow, M. (1998), Abschied vom Nationalstaat. Staat und Gesellschaft im globalen Zeitalter, 1. Aufl., Frankfurt/Main.

BVerfG, 2 BvL 1/97 vom 7.6.2000, Absatz-Nr. (1–69), http://www.bverfg.de/entscheidungen/ls20000607_2bvl000197.html

BVerfG, 2 BvR 1481/04 vom 14.10.2004, Absatz-Nr. (1–73), http://www.bverfg.de/entscheidungen/rs20041014_2bvr148104.html

BVerfG, 2 BvR 2236/04 vom 18.7.2005, Absatz-Nr. (1–201), http://www.bverfg.de/entscheidungen/rs20050718_2bvr223604.html

Creveld, M. van (1998), Aufstieg und Untergang des Staates, München.

Forsthoff, E. (1971), Der Staat der Industriegesellschaft: dargestellt am Beispiel der Bundesrepublik Deutschland, 1. Aufl., München.

Heller, H. (1992), Gesammelte Schriften, Tübingen.

Jellinek, G. (1959) [1900], Allgemeine Staatslehre, 3. Aufl., 6. Neudr., Darmstadt.

Ohmae, K. (1995), The end of the nation state, the rise of regional economies, New York et al.

Reinhard, W. (1999), Geschichte der Staatsgewalt. Eine vergleichende Verfassungsgeschichte Europas von den Anfängen bis zur Gegenwart, 1. Aufl., München.

Schmitt, C. (1963) [1932], Der Begriff des Politischen, Berlin.

Strange, S. (1996), The retreat of the state. The diffusion of power in the world economy, Cambridge et al.

Weber, M. (1980) [1922], Wirtschaft und Gesellschaft, Grundrisse der verstehenden Soziologie, Tübingen.

Willke, H. (1992), Ironie des Staates. Grundlinien einer Staatstheorie polyzentrischer Gesellschaft, Frankfurt/Main.

Zürn, M.(1998), Regieren jenseits des Nationalstaates. Globalisierung und Denationalisierung als Chance, Frankfurt/Main.

Globalisierung und Global Governance: Realität und Mythos

Michael Strübel

Globalisierung, verstanden als Zustandsbeschreibung und als Prozess, wird spätestens seit den neunziger Jahren als quasi nicht mehr infrage zu stellende Tatsache kommuniziert.

Euphorisch gingen Ökonomen und die Finanz- und Bankenwelt von dieser Entwicklung aus. Soziologen konstatierten eine Zweite Moderne, Historiker mobilisierten den Epochenbegriff. Doch die Globalisierungsbegeisterung der neunziger Jahre, die eine reformierte UNO sowie eine globale Zivilgesellschaft mit funktionierenden Netzwerken erwartete, ging nach der Milleniumswende merklich zurück. Hieraus ergibt sich auch die Fragestellung dieses Beitrags: War die Globalisierung ein Mythos oder wo ist sie Realität? Politologisch enger gefasst: Was bedeutet Globalisierung in den Feldern, in denen sie unstrittig ist, für das Handeln von Regierungen, welche Formen des Regierens mit oder ohne Regierungen stehen zur Disposition und welche Folgen ergeben sich daraus für die Demokratie, sowohl in theoretischer Hinsicht als auch in der Praxis bei der Behandlung von „policies", also Politikfeldern.

Der Nobelpreisträger Amartya Sen[1] bekam als Ökonom den Nobelpreis für seine Arbeiten, in denen er politische Freiheitsrechte, eine weltweit funktionierende elementare Grundversorgung an Bildung, Gesundheit, Zugang zu Ressourcen sowie eine Landreform in den sich entwickelnden Ländern forderte. Die damit verbundene Globalisierungskritik begründete unter anderem Joseph Stiglitz[2], der sich den Schattenseiten der Globalisierung widmete: dem Marktversagen und dem Schaden, den die Politik von IWF und Weltbank vor allem für die ärmeren Länder mit sich brachte. Er forderte eine grundlegende Reform des IWF und der Entwicklungsfinanzierung. Auch Jeffrey Sachs[3], ein weiterer US-Ökonom mit eigenen Erfahrungen im System der Weltbank, ging auf Widersprüche ein: Sowohl im Bereich der nachhaltigen Entwicklung sah er dringenden Handlungsbedarf, um Stagnation oder Rückschritten entgegen zu treten, als auch in dem weltweiten Handels- und Finanzsystem.

---

1 Sen 2001, S. 25.

2 Stiglitz 2002.

3 Sachs 2006, S. 26.

Immer häufiger wird von der „Gerechtigkeitslücke" gesprochen, bei der es nicht nur um Verteilungsgerechtigkeit geht, sondern auch um Zugang, Vermarktung und Weiterverbreitung von Ressourcen.

Interessant erscheint mir in diesem Kontext, dass die Träger der Ökonomie- wie auch der Friedensnobelpreise in den letzten Jahren Globalisierungskritiker und gleichzeitig Reformer waren. Im Jahr 2004 ging der Preis an Wangari Maathai aus Kenia, die mit ihrer Organisation „Green Belt Movement“ als Maßnahme gegen Desertifikation und Versteppung ein Wiederaufforstungsprogramm ins Leben rief, in dem vor allem Frauen arbeiteten. Den Friedensnobelpreis 2006 erhielt Mohammed Junus aus Bangladesh für sein Projekt der Grameen-Bank für Mikrokredite, die zum fast ausschließlichen Teil an Frauen gegeben werden, für Kleinhandel und Kleinprojekte zur „Erzeugung wirtschaftlicher und sozialer Entwicklung von unten“. Ein Jahr später entschied sich das Nobelpreiskomitee in Stockholm den Preis Al Gore zu verleihen. Bereits zu Beginn der 90er Jahre, noch vor der Vizepräsidentschaft in der ersten Regierung Clinton, setzte er sich mit dem Thema „Klimawandel“ auseinander. Nach dem Ende der Vizepräsidentschaft unter Bill Clinton hatte er durch Publikationen, Vortragsreihen und deren Verfilmung die Erderwärmung und die Rolle des eigenen Landes dabei öffentlich analysiert und kritisiert.[4] Hinzu kam eine globalisierte Weltsicht, die durch Foto- und Filmaufnahmen eine öffentliche Transparenz vermittelte. Al Gore teilt sich den Preis mit dem Expertengremium „Intergovernmental Panel on Climate Change“ (IPCC). Durch die Bündelung des wissenschaftlichen Kenntnisstands und daraus folgenden politischen Forderungen der Wetter-, Umwelt- und Klimaforscher existierte seit mehreren Jahren eine „scientific community“, eine bis dahin unbekannte öffentliche Form von Politikberatung und hielt Einzug in die Arenen der Weltpolitik.

Was zeigen diese Auflistungen? Zumindest dies: eine eher diffus existierende transnationale Zivilgesellschaft aus Politikern unterschiedlicher Couleur, neuen sozialen Bewegungen und Wissenschaftsgesellschaften stellt einem ungezügelten ökonomischen Globalisierungsprozess eigene Projekte und positive Utopien entgegen. Die Globalisierungskritiker hatten neben den neuen sozialen Bewegungen, wie sie sich in Nicht-Regie-

---

[4] Bereits 1991 veröffentlichte er den Bestseller „Earth in Balance“. Im Jahr 2006 erschien die Dokumentation zu seinen Power-Point-Vorträgen unter dem Titel „An Inconvenient Truth“ als Film. Al Gore erhielt hierzu einige Preise, darunter den Oscar für den besten Dokumentarfilm. Für eine grundsätzliche Kritik an der Politik der Neokonservativen und der Veränderung des politischen Systems der USA während der Bush-Regierungen vgl.: Gore 2007.

rungsorganisationen wie ATTAC organisierten, eigene fachwissenschaftliche Podien geschaffenen, deren durchgängigstes Merkmal die multinationale Vielfalt ist. Es geht nicht um die Apokalypse oder die letzten Tage der Menschheit (Armageddon), sondern vielmehr um einen Aufruf, die dem Planet Erde verbleibenden Ressourcen sinnvoll zu nutzen. Diesen positiven globalen Herausforderungen sollte mit dem Prinzip des „Sustainable development" entgegnet werden. Entsprechende Technologien sind danach zu untersuchen, dass sie nachhaltig und zukunftsfähig sind, möglichst bei geringem Risiko und im Energiesektor einer noch zu akzeptierenden Fehlerfreiheit auch für künftige Generationen und für die sich entwickelnden Staaten zur Verfügung stehen.[5]

Ein Gebiet, für das die Grenzenlosigkeit der technischen Verbreitung und des allgemeinen Zugangs als Beleg von Globalisierung propagiert wird, ist der Informations- und Kommunikationssektor. Auf Seiten der Kapitalinhaber stand hier ein schier unersättlicher globaler Markt zur Verfügung, der zuerst mit Hardware und Software zu bedienen war, später mit Werbung und Programmen. Bereits beim II. Golfkrieg 1991 schien der „*CNN-Effekt*", sprich: die Exklusiv-Berichterstattung einer Fernsehanstalt aus Bagdad und damit die Lenkung globaler meinungsbildender Mediensysteme, zum Allgemeingut zu werden. Dazu gehörte auch die Grundannahme einer Art von amerikanisiertem Globalismus, der nach kultureller Weltherrschaft strebt. Benjamin Barber verfasste in den neunziger Jahren ein viel beachtetes Werk über das System „McWorld", eine kulturelle Gleichmacherei und den globalen kulturellen Niedergang im Zeichen von McDonald und Cola.[6] Ihm Recht zu geben ist geboten, wo er über den Rückgang von Partizipationsformen und die Delegitimationsprozesse von Souveränitätsrechten spricht. Doch Barber täuschte sich darin, dass die kulturelle Hegemonie des „American way of life" global und allumfassend den ökonomischen Globalisierungsprozess dominieren werde und begründete damit eine Mythenbildung. Auch die rein techni-

---

[5] Hierzu gehören Energieeinsparungsstrategien und die Nutzung der regenerativen Energiequellen (Wind, Sonne, Wasser). Auf keinen Fall gehört hierzu die mit hohem Risiko belastete und entwicklungstechnisch teure Kernenergie oder die Kernfusion. Dabei kommen noch hohe Kostenfaktoren hinzu, etwa bei der Lagerung von Abfällen, dem Auslaufen der Reaktoren und den Sicherheitserfordernissen bei stillgelegten Anlagen. Auf dem Gebiet der internationalen Politik wachsen die Sicherheitsbedenken: Die Vorschriften des NPT-Vertrages, also der Proliferation von Nuklearmaterial, werden ebenso berührt wie die Thematik der Failing-States, zu denen auch Staaten gehören können, die über nukleare Waffenpotentiale verfügen oder diese herstellen können.

[6] Barber 1995.

sche Nutzung des Internets erwies sich als ambivalent und exklusiv. Sie kam aber gleichzeitig keineswegs nur den gouvernementalen Intentionen und Machtansprüchen entgegen.

So sei eingeflochten, dass die Digitalisierung für Nicht-Regierungsorganisationen (NRO/NGO) und transnationale Vernetzungen ein neues Kommunikationsforum eröffnet hat: Die Überwindung räumlich terrestrisch gebundener Kommunikationsnetze (Kabel, Fax, Internet), eine elektronische Unabhängigkeit durch neue Energiespeicher und vor allem: die extreme Minimierung des Faktors „*Zeit*". Umso unverständlicher ist, dass die seriöse und zielgerichtete Kommunikationsfunktion durch die Masse der Information häufig nicht genutzt werden kann, sondern durch chaotisierende und dysfunktionale Aktionen (Spams usw.) eher gesenkt wird. Zudem droht das World Wide Web an der Fülle von Anbietern und Nutzern zu kollabieren. Und schließlich sind für die Nutzer des Netzes Selektionsfähigkeiten zu verlangen, um sich gegen die Informationsüberflutung zu schützen. Doch gerade diese Fähigkeit verlangt eine intellektuelle Reife, die geübt und aktiv mobilisierbar sein muss.

Die Globalisierung der Medien hat sich jedenfalls, was die inhaltliche Seite und die Kopplung an funktionale Vernetzung angeht, in mehrfacher Hinsicht als „*Mythos*" erwiesen:

> „Grenzüberschreitende Mediennutzung durch breite Bevölkerungsschichten ist weitgehend auf die eigenen Sprachregionen begrenzt. Fremdsprachliche Mediennutzung bleibt hingegen ein Privileg kleiner Wissenseliten oder Sondergruppen wie Einwanderern. Das Signum der gegenwärtigen Medienentwicklung ist neben der nach wie vor dominierenden Medienproduktion und -nutzung innerhalb von nationalen Medienräumen eine geolinguistisch geprägte Regionalisierung, von der derzeit nicht klar gesagt werden kann, ob sie globalisierungstransparent ist oder nicht." [7]

Konkretisiert werden kann diese nüchterne Bestandsaufnahme anhand der Attentate des 11. Septembers 2001 und des Irakkrieges 2003, man könnte ebenso die Balkankonflikte der 90er Jahre oder die jüngsten Konflikte im Nahen Osten anschauen. Das universalistische Streben nach einer kritischen „*Weltöffentlichkeit*" hat nicht besonders gewirkt: Weder konnten die unterschiedlichen Konstruktionen von so etwas wie „Realität" medial chiffriert werden, noch hat sich so eine Grenzen und Kulturen überschreitende kosmopolitische Zivilgesellschaft substantiell formiert und zu Wort gemeldet. Dieser eher negative Befund der Medienwissenschaften – keineswegs als Konsens der Zunft – bringt uns in Sachen „My-

---

[7] Hafez 2005, S. 224.

thos Globalisierung“ empirisch insofern voran, als dadurch auch Metatheorien angesprochen werden. Dazu *drei Fragestellungen*:

1) Was ergibt sich neben dem *„digitalen Graben“* zwischen G8 und OECD-Staaten einerseits (ca. 5 % der Menschheit nutzt das Internet, davon 88 % in den Industrieländern) und den „modernizing countries“ mit ihrer strukturellen Heterogenität andererseits? Dies hätte – neben kurzfristigen Erfolgen bei Wachstumsraten in China und Indien – *auch* den Effekt, dass in diesen Ländern Partizipation, Deliberation, Emanzipation, Konfliktfähigkeit und Konfliktregelung verloren zu gehen drohen, solange ein „digitaler Graben“ im eigenen Land und im globalen Rahmen besteht.

2) Führt die Globalisierung bei den Informations- und Kommunikationsmedien zu mehr Kosmopolitismus, einem breiten Kulturverständnis, zu mehr Toleranz? Nach wie vor wissen wir viel zu wenig vom politischen Kulturverständnis, von ethischen und normativen Vorgaben – jenseits religiöser oder eschatologischer Bindungen – in anderen Kulturkreisen. Entweder wird dies offen als Bedrohung formuliert, und es geht sogar als „Kampf der Kulturen“ (S. Huntington) quasi unhinterfragt als gesunkenes Kulturgut ins allgemeine Bewusstsein über. Oder es wird ignoriert, erscheint als Peripherieproblem (z. B. beim Thema „Megacities“). Nicht selten wird es mit dem unausgesprochenen Ausrufungszeichen belegt nach dem Motto: „Von der angelsächsischen Welt lernen heißt siegen lernen!“. Die damit verbundene *Konnotation* eines unterstellten Transatlantismus zwischen Europa und Nordamerika – z. B. bei den Menschenrechtskonventionen – wird zwar von vielen europäischen Analytikern zu Recht abgelehnt, etwa bei dem Problem der Todesstrafe: In vielen Bundesstaaten der USA wird nach wie vor die Todesstrafe praktiziert. Kritiker dieser Politik haben es schwer. Eine allgemeine Ablehnung auszusprechen kann sich kein an Wahlerfolgen orientierter Politiker in den USA leisten. Doch die Perzeption der transatlantischen Beziehungen in anderen Weltregionen ist völlig uneinheitlich, kontrovers und polarisierend. Am Beispiel der Literatur und vor allem großer zeitgenössischer Schriftsteller ließe sich dies trefflich untermauern: Häufig wird das EU-Europa und Nordamerika als eine Einheit gesehen. Die Lingua Franca des Internet, eine Art verstümmeltes Englisch, dient hier besonders als Signal einer sich annähernden Einheit. Und dies verhindert so manche notwendige interkulturelle Kommunikation.

Im Sinne einer zivilen Tugendlehre, wie sie Arno Waschkuhn in seinem letzten Werk vorstellt, wären in diesem Kontext vor allem zwei Tugenden besonders hervorzuheben:

- Ambiguitätstoleranz: Differenzen sollten nicht mit Aggressionen verhaftet sein, sie sind nicht einzuebnen, sondern auszuhalten. Sie können bereichernd sein im Sinne einer neuen Gestaltung und des kommunikativen Austauschs. Empathie, vertrauensbildende Maßnahmen und in der Regelung von Konflikten eine Übereinkunft zu finden von Streitkultur und Pluralisierungen ohne Friktionen. Bei der Kollision mit Normen der Freiheit gelte allerdings das Prinzip: Keine Toleranz für Intolerante.[8]
- Empathie: Die Möglichkeit, sich in die Rollenkonflikte anderer einzufühlen. Mitgefühl und vielleicht sogar Mitleiden (compassion) als Movens politischen Engagements und der Suche nach Formen, die nach unserem Selbstverständnis am ehesten in einer demokratischen Staats- und Regierungsform aufgehoben sind.

3) Der dritte Punkt ist der, dass die These vom „Mythos Globalisierung“ nun selbstreflexiv auf die Politikwissenschaft, hier vordringlich die Disziplin der „Internationalen Beziehungen“, zurück geblendet wird.

Um nochmals den vorherigen Argumentationsstrang aufzunehmen:

a) Die Globalisierung der Informations- und Kommunikationstechnologien hat nicht zur Globalisierung der Inhalte geführt. Es gibt eine Lücke der interkulturellen Kommunikation, wobei Eigentumsverhältnisse und aber auch politische Kulturen eine zentrale Rolle spielen.
b) Es besteht nicht nur ein digitaler Graben zwischen Industrie- und Entwicklungsländern, beide Begrifflichkeiten sind übrigens hochgradig problematisch. Was existiert, sind regionale (nicht: nationalstaatliche) Räume und Standorte.[9] Doch selbst dort, etwa in Europa, gibt es kaum gemeinsame Interessen an transnationalen Medien (genannt seien: BBC-World, Euronews oder der deutsch-französische Sender ARTE). Die Machart des Journalismus mag CNN als Vorbild haben. Doch eine europäische oder gar internationalisierte Öffentlichkeit, die es kaum gibt, folgt nicht den angeblichen meinungsbildenden Trends von CNN, nicht einmal mehr in den USA selbst.
c) Projiziert man die Frage nach dem Systemwandel in der globalen Kommunikation auf die globale Zivilgesellschaft, so hat sich dort bei bestimmten Internetportalen eine kritische Öffentlichkeit formiert. Sowohl im Bereich der Menschenrechte bzw. Menschenrechtsverletzungen, der entwicklungspolitisch engagierten, häufig kirchlich unter-

[8] Waschkuhn 2006, S. 59.
[9] Altvater/Mahnkopf 2003.

stützten Aktionsgruppen als auch globaler ökologisch orientierter NGOs, Stiftungen und Forschungsinstituten ist ein ansehnliches Netzwerk entstanden. Mit den Links zu Internationalen Organisationen, einigen wenigen Kontakten zu Satelliten, Wetterstationen, Raumfahrteinrichtungen kann man, so es angestrebt ist, sich ein erstaunlich gutes Bild der Welt konstruieren. Doch entspricht die Suchmaschinen-Welt, etwa die von „Google-Earth", einer authentischen Welt, oder ist es nicht nur eine Konstruktion? Verifizieren oder falsifizieren kann dies sowieso niemand mehr.

So skeptisch in Einzelbereichen der Globalisierungsbegriff verwandt werden muss, so nah am Mythos er bisweilen sein mag, so deutlich bleibt die Frage danach, welche klassischen Regierungsfunktionen bleiben und welche Qualität an althergebrachter oder moderner Staatlichkeit existiert. Über verschiedene Umwege nähert man sich dem Thema, das mit dem Prozess der Globalisierung verknüpft ist, nämlich dem der Denationalisierung. Diese hat mehrere Komponenten, eine interne und eine externe, deren Trennung oder methodische Separierung sich als immer schwieriger gestaltet. Am einfachsten zu analysieren ist noch die Verlagerung staatlicher Steuerungsaufgaben. Die supranationale EU-Gesetzgebung übernimmt Kompetenz-Kompetenzen in vielfältigster Art, von Produktions-, Handels- und Verpackungsnormen über den Umgang mit schutzwürdigen öffentlichen Gütern bis hin zur Forschungsförderung und dem Studenten- und Wirtschaftsaustausch in und zwischen den EU-Ländern. Das Ergebnis sind Formen und Konfigurationen von Government und Governance auf den diversen Stufen des Mehrebenensystems EU.

Was ist mit dem Staat, der bei Hegel als „sittliche Idee des Geistes" fungierte? Diesen Staat mit seinen umfassenden Funktionszuschreibungen gibt es nicht, so es ihn überhaupt jemals gegeben haben soll: Sinn- und Normenbeschreibung durch den Staat, umfassende Protektion, Wohlergehen und Wohlfahrt für alle Staatsbürgerinnen und -bürger, Verfassungsstaat, Rechtsstaat, Friedensstaat. Und dies alles sollte noch erfolgen innerhalb der Trias: effektive Staatsgewalt, Staatsvolk, Staatsterritorium, flankiert durch Völkervertrags- und Völkergewohnheitsrecht. Diese normativen Ansprüche waren nach 1945 durch die Internationalen Organisationen zu hoch angesetzt, vor allem bei der großen zivilisatorischen Errungenschaft: dem „Peaceful-Change"-Prinzip der UN-Charta. Zwar ist die Zahl der zwischenstaatlichen Kriege nach 1945 gesunken. Doch, so der Befund der Friedens- und Konfliktforschung, ist das Volumen an regionalen Konflikten, bewaffneten Gewalttätigkeiten, Vertreibungen, Menschenrechtsverletzungen, Massakern und regional begrenzten Genoziden angestiegen und damit keineswegs ein Beleg für ein neues

Zeitalter.[10] So unterschiedlich Triebkräfte, Akteure und internationale Bündnisse auch sein mögen, das Ende des Ost-West-Konflikts oder die Millenniumswende haben Gewalt und Krieg als Mittel der Politik nicht obsolet werden lassen. Angemessener wäre es heute wohl von einer Renaissance des Krieges zu sprechen, auch wenn Begründungen, Technologien, und Ausprägungen sich deutlich von traditionellen Kriegen unterscheiden.

Richtet man den Fokus auf das Demokratie-Postulat westeuropäischer und angelsächsischer Art, dann lassen empirische Analysen viele Ansprüche unerfüllt. Ist der Staat, selbst wenn man von „moderner Staatlichkeit" spricht, nunmehr hinfällig geworden? Um das Ergebnis gleich vorwegzunehmen: Nein, das ist er keineswegs. Doch mit dem Begriff der Denationalisierung wird eine These wie auch eine Zustandsbeschreibung angeboten. Zunächst geht es um Staatlichkeit in der EU-Welt. Durch ein umfassendes Regelwerk von Richtlinien und Verordnungen, Entscheidungen von Rat und Kommission, sowie der EU-Rechtsprechung ist es zu einem komplexen System von Steuerungsfunktionen gekommen, insbesondere bei den vier Grundfreiheiten des Maastricht-Vertrages. Schwieriger wird es bei den politischen Bestrebungen um die europäische Einheit, vor allem bei den Abstimmungsregularien. Insbesondere mittlere und kleinere Staaten befürchten hier eine Majorisierung durch die größeren EU-Länder. Dies ist ein ernstzunehmender Aspekt der „Polity", der Verfasstheit der EU, dem kleinsten gemeinsamen Nenner von politischer Demokratie und Akzeptanz. Referenda, Volksentscheide und direktdemokratische Elemente sind zwar im Verfassungsprozess zum Beginn dieses Jahrhunderts einer bürgerfremden Konzentration auf die Regierungsgesandten entgegengetreten.[11] Doch die Vermischung mit EU-Themen und davon abgekoppelten innenpolitischen Machtfragen, z. B. bei den Volksabstimmungen über den Europäischen Verfassungsvertrag in Frankreich und Dänemark, hat den Prozess der politischen Einheit Europas zum Stagnieren gebracht.

---

[10] Vgl. hierzu die jährlich erscheinenden „Friedensgutachten", die Daten des Stockholmer Friedensforschungsinstituts SIPRI oder Datenbanken anderer Friedensforschungsinstitute. Leider ist die Systematik der Datenerhebung nicht standardisiert, doch die Trends, etwa nach dem Ost-West-Konflikt bleiben ähnlich: Kaum zwischenstaatliche Kriege, Rückgang in den neunziger Jahren der Rüstungsproduktion und der Rüstungsexporte, kleinere Konflikte, Akteurswandel hin zu Warlords, Stammesführern, Söldnertrupps. Und schließlich ist die Ökonomisierung der Kriege besonders hervorzuheben durch den Handel mit Drogen, Ressourcen, Kleinwaffen und sogar mit Kindern, bzw. Kindersoldaten.

[11] Leiße 2005.

Zwei Punkte seien besonders hervorgehoben, was die Rolle der EU in der internen und externen Funktionsfindung im Rahmen der Globalisierung betrifft. Zum einen gibt es eine Europäisierung in bestimmten Politikfeldern, die auch der quantitativen Rechtsentwicklung folgt. Besonders stark ist dies in der Verkehrspolitik der Fall, deren Gesetze zu 70 % von der EU-Politik geprägt sind. Auch die Agrarpolitik, traditionell ein Politikfeld, das von den Römischen Verträgen bis in die Gegenwart hinein die EWG, EG, EU prägte, ist bei einem Haushaltsvolumen von 40 % im Vergleich zu den Beschäftigten im primären Sektor hochgradig vergemeinschaftet. Hier wurde seit Jahrzehnten ein Politik-Instrumentarium angewandt, das es – im vollkommenen Gegensatz zu marktwirtschaftlichen Grundsätzen – in keinem anderen Sektor gibt: Abgabegarantien, Überproduktionsfinanzierung, Direktfinanzierung von Lebensmittellagern, Infrastrukturmaßnahmen, Finanzierung und steuerliche Abschreibung der hohen Anschaffungskosten für landwirtschaftliche Geräte und vieles mehr. Andere Politikfelder, etwa die Sozialpolitik, wurden hingegen von Seiten der EU den Mitgliedsstaaten überlassen, jedenfalls solange, als hierdurch nicht wettbewerbsverzerrende oder nicht-tarifäre Handelshindernisse auftraten.

Neben den internen Konflikten, die sich einerseits aus nationalen Interessen, bisweilen auch nur symbolischer Art, und andererseits der Dynamik der europäischen Integrationspolitik ergaben, wird die globale Ebene angesprochen. Die Politik der EU-Kommission, verwoben mit dem komplexen Entscheidungsprozess mit anderen Organen, vor allem dem Rat und dem Europäischen Parlament, hatte bislang in der Regel zwei Prioritäten: Öffnung der Märkte für europäische Produkte im Sinn eines Freihandelskonzepts und gleichzeitig Restriktionen für Drittstaaten beim Handel mit der EU. Da ein offener Protektionismus den AKP-, GATT- und WTO-Verträgen widersprach, mussten andere Wege gesucht werden, um EU-Güter zu schützen: Exportsubventionen direkter oder indirekter Art, Nutzung nicht-tarifärer Handelsbeschränkungen, etwa Verbraucherschutznormen, Verpackungsverordnungen, Qualitätsstandards der EU. Selbst wenn die direkte Intervention der EU abgebaut wird, sind im privat organisierten Handel, etwa mit Agrarprodukten, Entwicklungsländer, besonders aus dem afrikanischen Bereich, diskriminiert und bleiben letztlich als Verlierer der Globalisierungsprozesse übrig.[12]

Was die Denationalisierung irritierend macht, und auch die Absonderung in die politikwissenschaftliche Teildisziplin der Internationalen Be-

[12] Sachs/Santorius 2007.

ziehungen erklärt, ist die Konzentration auf die exogenen Faktoren. Diese zeichnen sich durch eine „automatische Logik" im Sinn von globaler Kapitalismuskritik aus oder sie kritisieren die Vernetzung der Märkte bei gleichzeitig erfolgter Deregulierung staatlicher Dienstleistungen. Die endogenen Faktoren bleiben quasi sekundär, sozusagen nur als Antwort auf die Vorgaben der exogenen Ursachen. Der Historiker Eric Hobsbawm hat in seinem Werk „Das Zeitalter der Extreme – Weltgeschichte des 20. Jahrhunderts" (1994) von den goldenen Jahren gesprochen. In diesem Fall handelt es sich um eine ökonomische Prosperitätsphase, die zu Beginn der fünfziger Jahre begann und aus seiner Sicht 1973 auslief. Dafür stand die Krise und der spätere Zusammenbruch des Bretton-Woods-Systems, 1973 erfolgte die Ölkrise. Erstmals nach 1945 meldete sich ein Rohstoffkartell, das der erdölexportierenden Staaten, zu Wort. Es stellte gemeinsame Forderungen und trat einstimmig auf. Autofreier Sonntag auf Deutschlands Straßen, Konfusion der Regierungen der Nationalstaaten angesichts der neuen Lage, wissenschaftliche Studien wie die des „Club of Rome" zu den „Grenzen des Wachstums" (1972) – dies und anderes mehr leitete eine neue Epoche des nationalen wie des globalen Regierens zwischen Staat und Markt ein. Die Studentenbewegung von 1968, beginnend als Anti-Vietnamkriegsbewegung war zudem ein begleitender intensiver Kulturschock, der in Kunst und Wissenschaft produktiv verarbeitet wurde und die Weltmacht USA in einer Form herausforderte, die als „imperial overstretch" bezeichnet werden konnte.

Doch daneben war die zweite Hälfte der sechziger Jahre der Anfang vom Ende staatlicher Finanzierungsmonopole, prosperierender Privatwirtschaften und Bruttosozialprodukte. Einfache Erklärungen, die Gier der erdölexportierenden OPEC-Staaten nach dem Ölprofit in den Industrieländern, das Trauma der Vietnam-Periode in den USA, Unglücksfälle und anderes, so Hobsbawm, sind als monokausale Erklärung unzureichend. Sein Fazit: „Nach diesem Zusammenbruch konnte die Weltwirtschaft nie wieder zu ihrer alten Gangart zurückfinden. […] Ein Zeitalter war zu Ende. […] Das Goldene Zeitalter hat seinen Goldglanz verloren."[13]

Es war wohl an der Wende zu den siebziger Jahren nicht nur die Finanzkrise der Öffentlichen Hand. Hinzu kamen gewohnheitsrechtlich verbrämte Ansprüche (etwa der Tarifpartner), und fehlgeleitete Großinvestitionen von Ländern und Kommunen in Prestigeobjekte (z. B. Groß-Krankenhäuser, öffentliche Schwimm- und „Spaß"bäder, Landesbanken, Schulzentren). Die Aufblähung öffentlicher Haushalte, hier: in Deutsch-

---

[13] Hobsbawm 1994, S. 362.

land, verlief ohne jegliche Globalisierungsherausforderungen und lässt sich daher als hausgemachte Krisenursache einordnen.

Das etatistische Protektions-, Versorgungs- und Distributionssystem des Nationalstaates, womöglich verbunden mit normativen karitativen Vorgaben, konnte immer weniger der Inflation sozialstaatlicher Anforderungen finanziell gerecht werden. Da der Staatsbegriff in der Mitte der achtziger Jahre wieder zur Lösung von Globalisierungskrisen reanimiert wurde, etwa zu Interventionen während der Finanz- und Bankenkrise, sei zur Kritik an derartigem Aktionismus eine vergleichsweise simple empirische Ebene angesprochen. Es geht um einen Vergleich der mit dieser Begrifflichkeit unterstellten Identifizierung der Bürger im deutschsprachigen Raum und in anderen Ländern. In den industriell hochentwickelten Ländern Europas, so die These, war und ist der Umgang mit dem Staatsbegriff über längere Zeiträume hinweg nicht mit dem des deutschen Staats identisch. In Italien verbindet man mit „Lo Stato" den Flickenteppich, der sich aus der Gegenmacht gegen die Habsburgermonarchie, die Bourbonen, die Preußen, den Vatikanstaat und gegen die Separatisten von Sizilien bis an die Grenze Tirols (Österreich) in der Risorgimento-Bewegung wiederfand. Das Bild eines einheitlichen italienischen Nationalstaats wurde nach der Einigung zu Zeiten Garibaldis und seiner Nachfolger öffentlich gepflegt und bestand in der Negation des Vorherigen. In der Spätphase Mussolinis und der Okkupation durch die deutsche Wehrmacht reorganisierte sich der aufweichende nationale Konsens zum zweiten Mal zugunsten einer Staatenwerdung. Die immer noch Gültigkeit beanspruchende Verfassung der ersten Republik belegt diesen antifaschistischen Konsens. Doch einige Jahrzehnte später und bis in die Gegenwart hinein formiert sich das Parteiensystem neben der nationalen Ebene durch Parteien und regionale Ligen, etwa in der Lombardei und Venetien, die mit der Kapitale Rom nichts zu tun haben wollen. Weder die Monarchie, auch nicht der Faschismus Mussolinis konnten ein Staatsverständnis hinterlassen, das anhielt. Die erste Republik, immerhin vom Volk per Abstimmung 1948 mehrheitlich gewählt, funktionierte 40 Jahre. Anfang der neunziger Jahre endete sie aufgrund der Korrumpierbarkeit der Regierungsparteien in einer Reihe spektakulärer Prozesse, nicht selten mit Verknüpfungen der politischen Klasse zum organisierten Verbrechen.[14]

Nehmen wir zweitens den „Staat" unserer französischen Nachbarn, die V. Republik. Einerseits ist dieser ein besonders zentralisiertes Gebilde mit etatistischen Vorgaben und präsidentiellen Privilegien aus der Zeit des General de Gaulle, um nicht noch weiter zurückzugehen. Hinzu

---

[14] Grywatsch 2007.

kommt das Pompöse, bislang verknüpft mit der Person des Präsidenten, entsprechend der monarchistischen Devise „L'Etat, c'est moi". Ob mit der neuen Präsidentschaft ein Wandel des Stils und der politischen Repräsentanz dauerhaft einher geht, bleibt abzuwarten. Stabil hoch bleibt die Partizipation des Volkes bei Wahlen. Doch die Kehrseite des Etatismus zeigt sich spätestens bei der Erkennung, Mediatisierung und konsensuellen Regelung allgemeiner Probleme. In manchen Krisenjahren wie 2007 kommt alles zusammen: Die Studierenden der großen Universitäten legen trotz heftigen Polizeieinsatzes auf den Campus-Geländen den Lehrbetrieb lahm, um ein reglementiertes Eingangsgehalt nach dem Studium garantiert zu bekommen. Die Eisenbahner beharren per Streik auf ihrer Pensionierungsgrenze um die 50 Jahre. Der öffentliche Nahverkehr wird regelmäßig durch Streiks im Großraum Paris für Tage, bisweilen Wochen gelähmt. Rentner fordern den Zugang zu einem zweiten Arbeitsmarkt, um nach der Verrentung der Pauperisierung zu entgehen. Hinzu kommen noch die Revolten in den Vorstädten, einhergehend mit einem hohen Maß an anomischer Gewalt. Wo bleibt der Staat, würde man in Deutschland fragen, wer beendet das Chaos? Zwar ist in Frankreich der Nationalstolz ungebrochen. Doch auf einem anderen Blatt steht die Hinneigung, bzw. Abneigung, wenn sich das politisch-administrative System anschickt, Kollektivrechte in der Sozial- oder Tarifpolitik zu beschneiden oder errungene Privilegien im öffentlichen Sektor abzuschaffen.

Dies sind nur Impressionen, keineswegs von verallgemeinerungsfähigem Inhalt. Doch was deutlich wird, ist, dass es ein nur annäherungsweise gemeinsames Staatsverständnis in wichtigen Ländern der EU nicht gibt. Dennoch wird in den demokratischen Systemen ein politisch-administratives Regelwerk akzeptiert, das sich in verschiedenen Ausprägungen historisch formiert hat. Unterschiedlich ist in den erwähnten Ländern die Relevanz der Insignien von Macht: die Flagge, die Hymne, Orden, nationale Rituale, Feiertage, Reden, Aufmärsche und Demonstrationen militärischer Stärke, Paraden und anderes mehr. Eine konstitutionelle Verfassung, die sich als Resultat eines bürgerlichen Konsensus über Jahre lang etabliert hat, wird akzeptiert. Es gab und gibt Kritiken und unterschiedliche Stellungnahmen zur Legitimationsfunktion staatlichen Handelns oder zur Legitimierung staatlicher Macht. Von einer Akzeptanz allgemeiner Legitimation durch die Formalität von Wahlprozessen auszugehen, wäre allerdings zu einfach. Die Partizipation bei Wahlen ist unterschiedlich schwach oder stark. Dort wo es richtig „weh tut", beim Machtwechsel, der „alternance au pouvoir", dem politischen Elitenaustausch, der Neuordnung von Kompetenzzuweisungen und bisweilen institutionalistischen Reformprozessen finden komplexe Umstrukturierungsprozesse statt. Nicht selten verlaufen diese bei knappen Mehrheiten keineswegs konfliktfrei, – erinnert sei an den Vorwurf der Wahlfälschung und das Auszählungschaos anlässlich der ersten Präsidentschaftswahl von George W. Bush im Bundesstaat Florida und die Legitimitätslücken, die durch das Wahlsystem verursacht wurden. Hier ging es um eine signifikante numerische Stimmenmehrheit des unterlegenen Gegenkandidaten. Ein anderer Fall liegt vor, wenn sich ein Politiker weigert, den Machtwechsel zu vollziehen, wie bei der knappen Abwahl von Silvio Berlusconi im Jahr 2006, der nicht daran dachte, aus dem Amt zu scheiden. Doch die Polity, die demokratische Tradition und der staatsbürgerliche Konsens verhinderten Destabilisierungstendenzen, Aufstände oder Staatsstreichversuche.

Auf unser Thema bezogen wird man wohl konstatieren können, dass die Denationalisierungsthese in der funktionalistischen Betrachtungsweise einer Verknüpfung mit der Legitimationsproblematik bedarf. Selbst wenn der Staat Souveränitätsrechte ruhen lässt oder abgibt, wenn er Regelungswerken anderswo, auch halbstaatlicher oder privater transnationaler Art seine politische Kompetenz überträgt, wenn er sich aus Politikfeldern zurückzieht oder diese an internationale Organisationen delegiert (z. B. in der Gesundheitspolitik, der inneren und äußeren Sicherheit, im Flugverkehr), – es bleibt bei dem Problem der Legitimations- und Kontrollfunktionen. Hier wird mit guten Gründen der Einwand formuliert, dass der Zivilgesellschaft kein Recht auf Selbstmandatierung durch das Vorrecht auf Betroffenheit zugestanden werden kann, jedenfalls nicht was die Übernahme von Regierungsfunktionen, so diese auf einem demokratischen Prozess beruhen, angeht.[15]

Dieses demokratietheoretisch zentrale Problem betrifft vor allem die OECD-Welt, die wiederum die eher reichen Industrieländer umfasst. Selbst bei den kritischen Analysen von Leibfried, Zürn und anderen zur „Transformation des Staates“[16] gilt die folgende Zusammenfassung:

- Beim Gewalt- und Steuermonopol änderte sich wenig, die Behörden und die Exekutive funktionieren. Kritik gibt es fallweise an einzelstaatlichen Regelungen und an der Privatisierung interner Sicherheitsdienste.
- In der Sozial- und Gesundheitspolitik bestehen unterschiedlichste Systeme von privaten und öffentlichen Einrichtungen, Versicherungssystemen, Optionen und Verhaltenserwartungen.

---

[15] Greven 2000, S. 8. Greven kritisiert zudem die problematische innere Verfasstheit der NGOs, was Demokratisierung, Kontrolle, Kontinuität angeht, und warnt vor einer illusionären Selbsteinschätzung der NGOs, insb. in Hinsicht auf die Dominanz von neoliberalen Wirtschaftsorganisationen.

[16] Leibfried/Zürn 2006.

- Die Garantie rechtsstaatlicher Verfahren, die Sicherung von Menschen- und Bürgerrechten ist größtenteils ungebrochen. Eine funktionierende Öffentlichkeit und diplomatischer Druck sind vorhanden, reichen aber bisweilen nicht aus, um angemessen auf Beeinträchtigungen von demokratischen Grundrechten zu reagieren.

All dies sind Anzeichen, die jene Wissenschaftler inspirierten, die wie James N. Rosenau und E. O. Czempiel mit dem Buchtitel und der These „Governance without Government: Order and Change in World Politics" bereits 1992 an die fachwissenschaftliche Öffentlichkeit traten.

Dem liegen empirische Belege zugrunde, dass es eine Reihe von Politikfeldern gibt, in denen die Staaten oder auch Staatenbünde Kompetenzen abgegeben haben oder gar nicht mehr wahrnehmen können (z. B. beim Schutz der Erdatmosphäre), und sich hochgradig vernetzte Handlungsebenen ergeben haben. In den Laboratorien der Weltpolitik der 90er Jahre (Rio-Gipfel zur nachhaltigen Entwicklung, Weltbevölkerungskonferenz in Istanbul, Weltfrauenkonferenz in Beijing, Megacitiesgipfel in Istanbul, Sozialgipfel in Kopenhagen) erfolgte „top down" wie „bottom up" eine neue Figuration der internationalen Politik. Die traditionelle Art der bi- und multilateralen Diplomatie zwischenstaatlicher Art wirkte überfordert angesichts der globalen Herausforderungen nach dem Ende des Ost-West-Konflikts. Doch bei hochgelobten Formelkompromissen rhetorischer Art in Abkommen und Verträgen, etwa dem Kyoto-Protokoll, stand der Aufwand der Vertrags- und Folgeverhandlungen in keinem plausibel erklärbaren Verhältnis zur angekündigten Realisierung. Nicht selten herrschte Einigkeit nur in einem einzigen Punkt, nämlich wann und wo die nächste Klimakonferenz stattfinden wird.

Und was den anderen Aspekt der Transformationsforschung angeht: transnationale und globale Wahrnehmung und Formulierung kollektiver Interessen außerhalb von Parteien, Parlamenten und Wahlen begannen sich in Form einer sich internationalisierenden Zivilgesellschaft Ausdruck zu verschaffen. Es ist wohl mehr als nur eine Stil- oder Formfrage, wenn Nicht-Regierungsorganisationen im Rahmen einer Global-Impact-Strategie sich zu unternehmerischen Produktnormen der Nachhaltigkeit, Ressourcenschonung und Energieeinsparung verpflichten.[17] Oder dass eine NGO wie Transparency International Korruptionsfälle bei öffentlichen Bauaufträgen, staatlichen Infrastrukturmaßnahmen, der illegalen Verwendung von Steuermitteln und ähnlichen Vorgängen transnational vergleichbare Standards einführen will. Ganz zu schweigen von den älte-

[17] Wolf 2004, S. 145.

ren und neueren NGOs, die sich mit Menschenrechten, Katastrophenhilfe und Entwicklung beschäftigen. Doch es ist nicht alles Gold, was glänzt: Es gibt Missbrauch, Unstimmigkeiten, Konkurrenzverhalten und schwer vermittelbaren Aktionismus. Häufig gibt es Zwischenebenen des Elitenaustauschs zwischen Regierungs- und Nichtregierungsorganisationen mit vergleichbaren Bildungs- und Karrieremustern. Dabei wird wohl so mancher NGO-Kritiker ruhig gestellt, wenn er oder sie bei Industrieverbänden oder internationalen Banken z. B. als Consultant für Nachhaltigkeit oder Energiepolitik gut bezahlt wird. Doch das Hauptproblem liegt darin, dass Kontrollmechanismen externalisiert werden, was Klientelbildung und eine undurchsichtige Verteilung von finanziellen Ressourcen mit sich bringen kann, aber nicht notwendigerweise muss.

Hier hat Arno Waschkuhn stark auf den „overlapping consensus" gebaut, der ideengeschichtlich den liberalen Republikanismus mit dem Kommunitarismus zusammenführt. Übersetzt auf die Ebene der Ökologie lautete 1980 der Titel eines Berichts an den damaligen US-Präsidenten Jimmy Carter „Global denken, lokal handeln". In der Übertragung dieser Ebenen auf ein diskursives, nicht gewaltvolles und durch normengeleitete Rationalität gerichtetes Plateau liegt die Herausforderung. Ein Forum zu installieren und kontinuierlich zu betreiben als feste Form von Kommunikation und Erkenntnis, als Basis zur Veränderung hin zu einer besseren Welt – dies ist die Forderung seiner politischen Theorie.

Mittlerweile ist die Globalisierungs- und Governanceliteratur kaum mehr zu überblicken. Über Umwege hat sie sogar Eingang gefunden in die Diplomatensprache und gilt als Steuerungsstrategie. Sie geht aber auch einher mit Exklusion, etwa im Sinn der „Nachbarschaftspolitik" oder des „guten Regierens". Zudem wurde sie angereichert mit Kriterien der Kreditvergabe und der Entwicklungshilfegelder von Staatengruppen und internationalen Finanzorganisationen. Analog zum Begriff der Globalisierung, der zu einem steilen Anstieg der akademischen Publikationen von einigen wenigen (1985) bis zu dem jetzigen hohen Niveau von 1000–1200 Veröffentlichungen pro Jahr liegt[18], ergeht es dem Governance-Begriff. Je öfter er in verschiedenen Kontexten benutzt wird, desto mehr mangelt es an Tiefenschärfe und analytischer Dimension. Als gemeinsame Merkmale des „Global Governance"-Konstrukts ließe sich folgendes zusammenfassen: Als Prozess wird ein großer Bedarf an Kooperationsbereitschaft und eine breite Partizipation unterschiedlichster Akteure vorausgesetzt. Hierzu gehören Staaten, multi-, supra- und internationale Organisationen ebenso wie Finanz- und Handelsorganisationen, NGOs und

---

[18] Busch 2006, S. 37.

Medien. Die Ebenen der Kooperation sind unterschiedlich, lokal, regional, national und global und – vergleichbar mit mehreren Spinnweben im Raum – untereinander durch Interaktionsstränge verknüpft. Dies soll Stabilität und eine gewisse Dauerhaftigkeit garantieren.

Mittlerweile zeigt sich, dass sowohl die Globalisierung wie auch die Global Governance-Theorien sich neuen inhaltlichen Herausforderungen stellen müssen. Eine hängt zusammen mit der Politik von einigen großen Schwellenländern und ihrer Weltmarktpräsenz, vor allem im Fall China, Brasilien und Indien. Gängige, selbst post-moderne Theoriefragmente, lösen sich auf. Entwicklungsökonomen stehen ratlos einer ungeahnten Prosperität und hohen Wachstumsraten in diesen Regionen gegenüber. Friedensforscher, die die Theorie des „demokratischen Friedens" vertreten, eine Weltfriedensordnung demokratischer Nationalstaaten, stoßen mit ihren Thesen zunehmend an Grenzen. Doch es gibt auch andere Entwicklungen. Ein positives Beispiel sind kooperativ gestaltete Eindämmungsstrategien bei Seuchen, Pandemien und Epidemien unter der Selbstverpflichtungsauflage der pharmazeutischen Industrie zu Preissenkungen, der Intervention staatlicher Behörden und internationaler Organisationen in Krisenregionen. Ein Novum ist auch ein gemeinsamer Konsens in einem Abkommen zum Handel mit Blutdiamanten. Dem steht eine Fülle von nach wie vor neoliberalen Politikmustern entgegen. Vom Gold bis zum Wasser, von Energieressourcen bis zum Tabak – der globale Regelungsbedarf ist nach wie vor groß und drängend. Dies gilt vor allem für die Handelsregeln hinsichtlich einer globalen Agrarpolitik im Rahmen von GATT, insbesondere was Produktions- und Exportsubventionen der reichen Länder angeht. Die Interessen der Betroffenen, Völkergruppen, Staatenverbindungen, transnationaler Konzerne und menschenrechts- und entwicklungspolitischer Nicht-Regierungsorganisationen müssen zusammengeführt werden. Einen „overlapping consensus" zu formulieren ist überfällig. Andernfalls haben wir eine „Globalisation without Governance".

Literatur

Altvater, E. / Mahnkopf, B. (Hrsg., 2003), Management der Globalisierung, Berlin.

Barber, B. (1995), Coca Cola und Heiliger Krieg, München.

Behrens, M. (Hrsg., 2005), Globalisierung als politische Herausforderung, Wiesbaden.

Busch, A. (2006), Die Entwicklung der Debatte: Intellektuelle Vorläufer und ausgewählte Themen, in: Schirm, S. A. (Hrsg. 2006), Globalisierung. Bonn, S. 35–53.

Gore, A. (2007), Angriff auf die Zukunft, München.

Greven, M. Th. (2000), NROs und die Informalisierung des Regierens, in: Vorgänge 3/2000, S. 3–12.

Grywatsch, Ch. (2007), Kontinuität im Wandel: Pci – Pds – Ds, Bochum.

Hafez, K. (2005), Mythos Globalisierung, Wiesbaden.

Hobsbawm, E. (1995), Das Zeitalter der Extreme, München.

Kennedy, P. / Messner, D. / Nuscheler, F. (Hrsg., 2002), Global Trends and Global Governance, London.

Leibfried, S. / Zürn, M. (Hrsg., 2006), Transformation des Staates? Frankfurt/ Main.

Leiße, O. (2005), Europa zwischen Nation und Integration. Habilitationsschrift, Erfurt.

Rosenau, J. N. / Czempiel, E. O. (1992), Governance without Government: Order and Change in World Politics. Cambridge.

Sachs, J. D. (2005), Das Ende der Armut, München.

Sachs, W. / Santarius, T. (2007), Slow Trade – Sound Farming, Aachen, Berlin.

Schuppert, G. F. (Hrsg., 2006), Global Governance and the Role of Non-State-Actors. Baden-Baden.

Sen, A. (2002), Ökonomie für den Menschen, München.

Stiglitz, A. (2002), Die Schatten der Globalisierung, Berlin.

Waschkuhn, A. (2006), Denationalisierung und zivile Tugenden, Baden-Baden.

Wilkinson, R. (Hrsg., 2005), The Global Governance Reader, London.

Wolf, K. D. et al. (2004), Global Governance – eine Antwort auf das Demokratiedefizit des internationalen Regierens, in: Albert, M. / u. a. (Hrsg.), Die Entgrenzung der Politik, Frankfurt/New York, S. 140–145.

Anspruch, Netzwerk und Wirkung

Jürgen Backhaus

In seiner *Grundlegung der Politikwissenschaft* bespricht Arno Waschkuhn auch den Autor Eric Voegelin. Voegelin wird dort aber weniger als Autor und über seine Schriften dargestellt, als vielmehr als Architekt eines wirksamen Netzwerkes, als Initiator langfristig angelegter wissenschaftlicher Vorhaben, Institute und Stiftungen, schlechthin als der wohl letzte Begründer einer Schule in der deutschen Politikwissenschaft. Diesen Gedanken aufnehmend versuche ich, durch Auswertung der Tagespresse über den Zeitraum etwa eines Jahres – von 2006 bis 2007 – den Einfluss dieses Netzwerkes zu rekonstruieren, das, so wie es der Autor angelegt hatte, seine Wirkungsmächtigkeit gerade in unseren Tagen entfaltet.

Der Aufsatz besteht aus drei Teilen. Zunächst wird Arno Waschkuhns Darstellung nah am Text wiedergegeben. Zweitens folgt eine ausführliche Auswertung der Tages- und Wochenpresse deutscher und amerikanischer Zeitungen über einen Zeitraum von etwa einem Jahr – von 2006 bis 2007. So soll dargestellt werden, wie das von Waschkuhn hervorgehobene Netzwerk wahrgenommen wird. Im dritten Teil wird dagegen anhand einer amerikanischen Publikation die Rezeption des Werkes Eric Voegelins in der Politikwissenschaft nachgezeichnet. Michael Franz (1992) sieht Voegelin vor allem als Ideologieforscher, der dem Phaenomen auf den Grund kommen wollte, wie Menschen in Massendemokratien durch Ideologien ihre Orientierung verlieren. Diesen Zustand der Orientierungslosigkeit im politischen Raum, der auch den sicheren Rekurs auf das eigene Gewissen nicht mehr zulässt, nannte Voegelin „pneumapathologisch".

I.

In der *Deutschen Biografischen Enzyklopädie* lesen wir über Eric Voegelin:

> Politikwissenschaftler, Geschichtsphilosoph, * 3.1.1901 Köln, † 19.01.1985 Palo Alto (Kalifornien, USA).
>
> Das Studium der Rechts- und Staatswissenschaften in Wien schloss V. 1922 mit der Promotion zum Dr. rer. pol. ab und war 1923/24 Assistent an der dortigen Juristischen Fakultät. 1924–27 setzte er seine Studien als Laura Spellman Rockefeller Fellow an verschiedenen amerikanischen Universitäten sowie

an der Sorbonne in Paris fort und habilitierte sich 1929 in Wien für Politologie, wo er von 1936 bis zu seiner Entlassung 1938 als a. o. Prof. lehrte. In die USA emigriert, war V. 1938/39 Tutor an der Harvard University, 1939–42 Assistant Professor an der University of Alabama und lehrte von 1942–58 an der Louisiana State University, seit 1946 als Full Professor. 1958–69 war er Prof. der Politologie in München, wo er das Politologische Institut gründete, und 1969–74 an der Stanford University. V. veröffentlichte u. a. *Die Rassenideen der Geistesgeschichte von Ray bis Carus* (1933, ²1938), *Der autoritäre Staat* (1936), *Die politischen Religionen* (1938, ²1939), *The New Science of Politics* (1952, ²1962, dt. 1959, span. 1968) und *Wissenschaft, Politik und Gnosis* (1959, engl. 1968). Unvollendet blieb V.s geschichtsphilosophisches Hauptwerk *Order and History* (Bd. 1–4, 1956–74; Bd. 5, posthum 1987).[1]

„Politikwissenschaftliche *Schulen*“ schreibt Arno Waschkuhn „existieren nicht mehr“.[2] Dann kommt er aber sogleich auf die Ausnahme zu sprechen, die er in Eric Voegelin und seinen Schülern erblickt. Voegelin habe aber in Deutschland keine Schule stiften können, da nach seiner Emeritierung und Rückkehr in die Vereinigten Staaten auch zwei seiner Schüler dorthin gingen, nämlich Manfred Henningsen und Peter von Sievers. In Deutschland habe dieser Ansatz „keine stringente Fortführung“ erfahren. Er fährt dann aber immerhin über insgesamt drei Seiten fort:

„Voegelin wurde im Januar 1958 auf den neu geschaffenen Lehrstuhl für politische Wissenschaft an der Universität München berufen. Der aus Köln gebürtige und in Wien habilitierte Gelehrte, der 1938 Österreich auf der Flucht vor den Nazis verlassen hatte und seitdem an verschiedenen amerikanischen Universitäten tätig war, baute das neue Institut für politische Wissenschaften – ab 1968 Geschwister-Scholl-Institut – in kürzester Frist auf und akquirierte erhebliche amerikanische und deutsche Stiftungsmittel. Ferner gelang es ihm, führende Wissenschaftler, unter anderem Hannah Ahrendt, Henry Kissinger, Michael Oakeshott und Raymond Polin zu Gastvorträgen und Vorlesungen an die Isar zu holen. Er selbst behielt ebenso als Gastprofessor in Harvard und Notre Dame seine amerikanischen Kontakte bei und erwartete dies auch von seinen Schülern. (…) Für Voegelin waren Marxismus, Konservatismus, Faschismus, Nationalsozialismus „gnostische Massenbewegungen“ aus „der wilden Wurzel eines versehrten, krank gewordenen Christentums“. Politische Wissenschaft ist für ihn zu verstehen als „eine Wissenschaft von der Ordnung des Menschen in der Gesellschaft“ und sie „soll vermittelt werden durch Reflexion auf die großen Blöcke von Ordnungswissen, die in der westlichen Gesellschaft seit dem Altertum aufgebaut wurden, nämlich die klassische Politik, die jüdisch-christliche Ontologie von Mensch, Gesellschaft und Geschichte, endlich das, was Voegelin das „angelsächsische Zivilregime“ nennt, verstanden

---

[1] *Deutsche Biografische Enzyklopädie* 2001, S. 220.

[2] Waschkuhn 2002, S. 28.

> als Versuch, für die beiden vorgenannten Blöcke von Ordnungswissen den angemessenen institutionellen Ausdruck unter den Bedingungen des Nationalstaats und der Industriegesellschaft zu finden. (...) Der über Fachgrenzen hinausgreifende energische Universalismus Vogelins [sic!] war nicht jedermanns Sache, zumal er durchaus mit Hochmut verbunden war, während sich die Schüler (bis heute) als auserwählter Kreis einer verschworenen Gemeinschaft verstanden. (...) In den sechziger Jahren geriet Voegelin, wie er es sah, zwischen die Fronten, nämlich zwischen die „Dummköpfe der Tradition" und die „Dummköpfe der Revolution". Seine Schüler, vor allem Peter J. Opitz und Jürgen Gebhardt, versuchen unermüdlich, den Voegelinschen Geist in der deutschen Politikwissenschaft präsent zu halten. Die Übersetzung seines Hauptbuchs „Order an History" [sic!] wurde jüngst in Angriff genommen, hrsg. von Opitz und Dietmar Herz in Zusammenarbeit mit dem Erich-Voegelin-Archiv der Universität München, das von den beiden Herausgebern betreut wird. Ferner besteht eine Erich-Voegelin-Bibliothek an der Universität Erlangen, und in den USA gründete Ellis Sandoz an der Louisiana-State-University in Baton Rouge ein Research Institute for Eric Voegelin Studies."

Auch Voegelin sah in seiner *Ordnungswissenschaft* ein Therapeutikum für die Krisen der deutschen Gesellschaft, deren verhängnisvollster Ausdruck fraglos die Herrschaft des Nationalsozialismus war.

Zwei Beobachtungen Waschkuhns insbesondere springen ins Auge. Einerseits der ungewöhnliche Anspruch, mit dem Voegelin auftrat; und andererseits die Netzwerkbildung und Anlage des Gesamten auf dauerhafte Wirkung. Im Folgenden soll nun der Frage nachgegangen werden, wie wir diese Wirkung dokumentieren können.

II.

„Wo findet man die Spuren der Voegelin-Schule in der amerikanischen Presse?" habe ich mehrere Cognoscenti aus meiner Bekanntschaft gefragt und wurde immer wieder auf William Buckley's *National Review* verwiesen. Der *National Review* erscheint vierzehntägig, der Gründer des Magazins hat sich inzwischen altershalber zurückgezogen und rubriziert als „editor at large" (retired), aber Jane Buckley Smith gehört zu den „editorial associates" and Priscilla Buckley zu den „contributors", die eindrucksvolle Reihe der „contributing editors" wird alphabetisch von Robert H. Bork angeführt, dem bekannten Bundesrichter, dessen Ernennung zum Verfassungsgericht an einer Kampagne scheiterte, die Maßstäbe setzte. Seitdem spricht man von „borking", wenn ein unliebsamer Kandidat öffentlich demontiert wird, so dass seine Bestätigung durch den Senat scheitert.

In der Ausgabe vom 28. August 2006 finden wir eine Titelgeschichte unter der Überschrift „An Arrow in our Quiver" (Ein Pfeil in unserem

Köcher), die Michael Rubin beigetragen hat. Die herausgehobene Quintessenz lautet: „Any individual, be he a guerilla or a state official, who is involved in planning terrorist attacks is a combatant and, according to international law, a legitime target."[3] Der, für den dieser Rat vor allem bestimmt ist und der sich auch als dafür empfänglich zeigt, kommt selbst Kritikern aber nicht wie ein Haudegen vor. „Mit dem amerikanischen Präsidenten George W. Bush gab es nicht nur politische Meinungsverschiedenheiten, sondern auch sehr angenehme Begegnungen. Bush ist ein durchaus angenehmer und offener Gesprächspartner. Warum soll man das verschweigen, auch wenn man anderer Meinung ist?"[4]

Diese Verbindlichkeit im Umgang erleichtert es dem Präsidenten wesentlich, radikale Vorstellungen umzusetzen, während dieselben Vorstellungen anderen, denen überragende Intelligenz und Sachkenntnis attestiert wird, nicht aber diese Umgänglichkeit im Ton, zum Verhängnis werden können. Das beste Beispiel bietet der ehemalige Weltbankchef und vormalige Planer der Irak-Strategie im Verteidigungsministerium Paul Wolfowitz. Am Dienstag, den 30.01.2007 brachte die *Financial Times Deutschland* auf Seite 9 (der ersten Politikseite) mit Bild und vergrößertem Bildausschnitt die eigentliche Nicht-Meldung, dass der Weltbankchef beim Besuch einer Moschee und dem Ablegen der Straßenschuhe löchrige Strümpfe zum Vorschein brachte. Unter der ironischen Überschrift „Weltbankchef zeigt seine Sparstrümpfe" begann die öffentliche Demontage, die bereits im darauf folgenden Mai zu seiner Auswechslung führen sollte. Inzwischen hatte aber die im Zuge dieses Vorgangs eingetretene Polarisierung, an der sich auch ein Nobelpreisträger der Wirtschaftswissenschaften (Joseph Stiglitz) beteiligte, zu einer Identitätskrise der 1947 gegründeten Institution geführt; kontrovers wurde nicht nur die Frage nach der Nachfolge, sondern auch nach der Funktion der Weltbank von den Regierungen ihrer Anteilseigner (im Hintergrund) diskutiert[5]. Die Radikalität der Bush-Administration wird aber in der Verwaltung nicht geteilt. Nur ist offen, ob diese Opposition aus der eigenen Verwaltung zur Nachgiebigkeit oder zur Verhärtung führt. „Es könnte sein, dass Bush danach nur noch an seinen Platz in der Geschichte denkt. Er könnte dann mit aggressiver Rücksichtslosigkeit gegen den Iran vorgehen. Der Präsident könnte aber auch gezwungen sein, Rumsfeld abzu-

---

[3] Rubin 2006, S. 35

[4] Gerhard Schröder in: *Bild am Sonntag*, 22.10.2006, Seite 4.

[5] *Financial Times Deutschland*, 21.05.2007, S. 31. Eingehend auch Marina Zapf unter der Überschrift „Killing me softly", *Financial Times Deutschland*, 10.05.2007, S. 17.

setzen, Cheney zu ignorieren, den Irak in die Unabhängigkeit zu entlassen und mit dem Iran zu verhandeln – vorausgesetzt, die bereits beachtliche Opposition von Außenamtsbürokratie und Heeresoffizieren gegen seine Politik wächst weiter an. Diese wiederum benötigt die Rückendeckung von Realisten, Multilateralisten und Antiimperialisten, Demokraten wie Republikanern."[6]

Wer sich wie Voegelin den Totalitarismus zum Gegenstand der Forschung macht, kann sich diesem Gegenstand wohl geistig nicht soweit entziehen, dass er nicht selbst vor allem in Gegensätzen denkt und somit wenigstens ein Stück weit die Welt auch totalitaristisch interpretiert. Das Phänomen betrifft nicht nur die bereits erwähnten Autoren und diejenigen, die ihrem Rat folgen, eventuell Voegelin selbst. Anlässlich ihres hundertsten Geburtstages erschienen zahlreiche Würdigungen von Hannah Arendt, deren Denken ebenfalls vom Totalitarismus und dem kalten Krieg geprägt war, so dass auch sie ratlos blieb, wenn sich das Geschehen nicht in Teilungen und Gegensätzen vollzog.[7] Frappierend aber wird das Ergebnis, wenn eine an Gegensätzen orientierte imperiale Macht von einer Bevölkerung getragen wird, deren Werte Heimat, Frieden und Übersichtlichkeit sind. So stösst der Anspruch an Grenzen, die nicht im Gegner liegen[8].

In seinem neuen Werk „Identität und Gewalt"[9] löst Amartya Sen, der Träger des Nobelpreises für Ökonomie 1998, die dichotomische Weltsicht, in der er die Quelle von Gewalt vermutet, auf, indem er die menschliche Person auf ihre verschiedenen Identitäten zurückführt.

> "The same person can be, without any contradiction, an American citizen, of Carribean origin, with African ancestry, a Christian, a liberal, a woman, a vegetarian, a long distance runner, a historian, a school teacher, a novellist, a feminist, a heterosexual, a believer in gay and lesbian rights, a theater lover, an environmental activist, a tennis fan, a jazz musician, and someone who is deeply commited to the view that there are intelligent beings in outer space with whom it is extremely urgent to talk (preferably in English)."

Sein Rezensent im *Wall Street Journal*, der ebenfalls einen indischen Namen trägt[10], hält diesem Relativismus entgegen:

> "So when Mr. Sen asks – is a "religion centered analysis of the people of the world a helpful way of understanding humanity?" and I ask back: "Is ignoring

---

[6] *Die Tageszeitung*, 24.10.2006, S. 12.
[7] Vgl. z. B. Brumlik 2006, S. 21.
[8] Vgl. Niall 2006, S. 24.
[9] Sen 2007.
[10] Varadarajan 2006, S. W 8.

> religion, or diminishing its importance a helpful way of understanding humanity?" the view from Cambridge (Massachusetts) and England is clearly not the same as the view from my office in New York, which overlooks ground zero."[11]

Interessanterweise wehrt sich aber derselbe Amartya Sen gegen den Vorwurf des Relativismus, indem er mit einer historischen Parallele darauf hinweist, dass sich ausgerechnet gläubige Muslime durch besondere Toleranz auszeichnen können. Sultan Saladin habe als überzeugter Muslim nicht nur im 12. Jahrhundert die Kreuzritter erbittert bekämpft, sondern auch den aus Cordoba vertriebenen jüdischen Philosophen Maimonides an seinem ägyptischen Hof in Ehren aufgenommen. Er setzt noch nach. Während Giordano Bruno in Rom auf dem Campo de Fiori als Häretiker auf dem Scheiterhaufen verbrannt wurde, erließ der Mughalische Herrscher Akbar ein Gesetzbuch, das die Rechte von Minderheiten kodifizierte. Sen zeigt damit deutlich, dass Religion und Gewalt zwar oft zusammen gehen, aber eben nicht notwendig; da aus der Religion eben auch die Toleranz geboren werden kann.

Eine dichotomische Weltsicht und die Bereitschaft, Gewalt einzusetzen, kann dabei durchaus mit hehren Absichten einhergehen. In einem „Fiasko" überschriebenen Werk[12] nehmen die Ereignisse in den Worten des Rezensenten Bing West den folgenden Verlauf:

> "[...] the swift seizure of Bagdad, and the chaotic aftermath in May 2003." Numerous books and articles have examined this period, and Ricks presents findings similar to theirs: President Bush had Saddam in his sights since 09/11; Deputy Secretary of Defense Paul Wolfowitz pushed an idealistic dream of transforming the Middle East by establishing an enlightened democracy in Iraq; the influential Iraqi ex-patriot Ahmed Chalabi was untrustworthy; Secretary of State Colin Powell opposed invading but was outmaneuvered; etc. This familiar catalogue is enlivened by a portrait of Franks, the head of central command, as abusive and impatient, "A cunning man, but not a deep thinker", who "ran an extremely unhappy headquarters." Franks, according to the author had no plan for the occupation, and no intention of remaining the commander responsible for implementing it.[13]

---

[11] Der Hinweis bezieht sich auf Cambridge, Massachusetts und Cambridge, England und bezieht sich auf die Wirkungsstätten Sens, der Master des Trinity College in Cambridge war, ehe er an die Harvard University in Cambridge, Massachusetts wechselte.

[12] Ricks 2006.

[13] West 2006, S. 42.

Der lange Artikel von John Mearsheimer und Stephen Walt im *London Review of Books*, der den Einfluss eines „Israel-Lobby" genannten Netzwerks auf die amerikanische Außenpolitik, insbesondere im Nahen Osten zu dokumentieren versuchte, wurde von einigen als anti-jüdisch oder anti-israelisch bezeichnet, wodurch eine sorgfältige Diskussion des Behaupteten entfallen sollte. Tatsächlich sind wichtige Architekten der Irak-Strategie, obwohl im amerikanischen Staatsdienst, israelische Staatsbürger, dies gilt für den ehemaligen amerikanischen Vizeverteidigungsminister und späteren Weltbankpräsidenten Paul Wolfowitz ebenso wie für seinen Stellvertreter im Verteidigungsministerium Douglas Feith, beide Autoren der Irak-Strategie. Das Argument der an der University of Chicago und der Harvard University lehrenden Autoren Marsheimer und Walt lautete aber, dass die Nähe der amerikanischen Außen- und Verteidigungspolitik, schon wenn sie so wahrgenommen wird, Gegenkräfte im Nahen Osten weckt und stärkt, die ihre Wirksamkeit entkräften. Die Unterstellung, israelkritische Äußerungen wie die Marsheimers und Walts seien antisemitisch, wird auf den Kommentarseiten des *Wall Street Journal* durchaus genährt, z. B. in einem Artikel vom 04.08.2006, den Bret Stephens verfasste und der eine kolportierte antisemitische Äußerung des Schauspielers Mel Gibson zum Anlass nimmt, die Haltung gegenüber dem Staat Israel und seiner Politik als Ausdruck des Antisemitismus überhaupt zu postulieren.

Nun stößt die Außen- und Sicherheitspolitik des Staates Israel ja auf breite Kritik, sowohl in Israel als auch in der jüdischen Gemeinschaft außerhalb Israels; viele Bürger Israels leben dort nicht, gerade weil sie diese Politik ablehnen. Dasselbe gilt paradoxerweise auch für die große Diaspora amerikanischer Staatsbürger, neuerdings in Berlin, traditionell in Paris. Insofern ist die Rolle der Kommentarredakteure des angesehenen *Wall Street Journal* durchaus bemerkenswert. Andreas von Bülow hatte hierauf schon 2003 hingewiesen, als er in seinem Buch *Die CIA und der 11. September*[14] den Zusammenhang zwischen den Anschlägen des 11. September in New York und Washington und der Irakoperation in Frage zog. Der Autor Andreas von Bülow ist ehemaliger Bundesminister (für Forschung und Technologie) und war von 1969 bis 1994 Mitglied des Deutschen Bundestages, unter anderem in der parlamentarischen Kontrollkommission der „Dienste". Insofern muss der Autor als sachverständig gelten, und seine Zweifel haben Gewicht, die er wie folgt formuliert:

> „Ein weiterer angeblicher Beweis für die Täterschaft des Osama bin Laden und seiner Basistruppe ist dem Kauf eines gebrauchten Laptops durch einen Jour-

---

[14] Bülow 2003.

nalisten des Wall Street Journal in einem Elektroladen in Kabul zu verdanken. Der Händler verkaufte dem Journalisten eine neue Festplatte, da dessen alte unbrauchbar geworden war. Darüber hinaus vermittelte er den Verkauf eines gebrauchten Laptops, der angeblich aus einem Haus mit Verbindung zur Basis (al Kaida) stammte. Die Festplatte des Laptops war vor dem Verkauf gelöscht worden.

Doch die Redaktion des Wall Street Journal schöpfte Verdacht, ließ den Inhalt der Festplatte rekonstruieren – und siehe da, das Speichermedium spuckte unendliche Details über geplante und bereits ausgeführte Terroranschläge sowie Finanzverbindungen des globalen al Kaida Netzwerks mit Namen und Telefonnummern aus. Die Redaktion überließ dem Pentagon und der CIA den Vortritt bei der Auswertung des Festplatteninhaltes. Erst danach veröffentlichte das Blatt in zwei Beiträgen unter anderem die Aufsehen erregende Nachricht, wonach der pakistanische Geheimdienstchef über einen Mittelsmann aus dem Terrormilieu ... wenige Tage vor dem 11. September 100.000 Dollar nach Florida überwiesen habe.

... Daniel Pearl, der ebenfalls beim Wall Street Journal beschäftigte Journalist, versuchte einige Wochen darauf, in Pakistan die Hintergründe der Transaktion zu ergründen, wurde jedoch bei einem Treffen mit einem Gewährsmann grausam ermordet. Die Tortur wurde per Video aufgenommen. Erst hinterher stellte sich heraus, dass Daniel Pearl israelischer Staatsbürger war und sich bemühte, eine Verbindung zwischen Osama bin Laden über den terroristischen Mittelsmann zu den Attentätern um Mohammed Atta bestätigt zu finden, also den „rauchenden Colt“ des 11. September zu entdecken. Die Darstellungen in der Presse, die sich auf mehr oder weniger gezielte Indiskretionen der Ermittler (Geheimdienstoperateure und Vertreter des Pentagon) beziehen, haben bis zur Stunde die dunkle und tragische Geschichte wenig erhellen können. Die Angelegenheit schmeckt nach Desinformation, Fabrikation, Manipulation und dem Spiel mit dem Tod eines Journalisten und dessen Familie.

... festzuhalten bleibt, dass die angebliche Terrorgruppe des Osama bin Laden und seiner al Kaida in auffälliger Dichte in allen denkbaren Lokalitäten der Welt elektronische Spuren hinterlässt, die von Geheimdiensten aufgelesen und als Beweis für Existenz und Arbeitsweise der Terroristen gewertet werden. Die Inhalte sind in sich zuweilen nicht stimmig und legen den Verdacht auf Verfälschung nahe. Die Fähigkeit hierzu, ob Video, Festplatte oder Tonband, ist bei Geheimdiensten in Perfektion gegeben. Der kritischen Überprüfung halten derartige Beweise sehr häufig nicht stand.“[15]

---

[15] Ebenda, S. 74 f. Es wird kaum mehr Licht in die Pearl Geschichte durch ihre Verfilmung kommen.

Die Haltung des *Wall Street Journal* stellt auch keine Ausnahme dar. Am 04.04.2006 etwa schreibt Peter Wehner, der als „Deputy Assistant to the President and Director of the White Houses Office of Strategic Initiatives“ beschrieben wird, eine Kritik an der Haltung zur Irak Politik dreier konservativer Autoren, die wie folgt beginnt:

> "A small group of current and former conservatives – including George Will, William F. Buckley jr. and Francis Fukujama – have become harsh critics of the Iraq war. They have declared, or clearly implied, that ist is a failure and the president's efforts to promote liberty in the Middle East is dead – and dead for a perfectly predictable reason: Iraq like the Arab Middle East more broadly, lacks the democratic culture that is neccessary for freedom to take root. And so for cultural reasons, this effort was flawed from the outset."[16]

Der Autor kehrt diese Kritik dann um und betont die Überzeugung des Präsidenten, Freiheit und Demokratie seien genau jene Gegenkräfte gegen die *Pathologien* des Nahen Ostens.

Tatsächlich sind beide Positionen nicht unvereinbar. Gerade das Fehlen demokratischer Institutionen und Traditionen wird von beiden Seiten als Hindernis für eine dauerhafte Befriedung der Region gesehen. Es wird wohl vor allem um die Mittelwahl gehen, um die es auch Marsheimer und Walt ging, die die Aktivitäten der von Ihnen sogenannten Lobby herausschälten und damit einen Sturm der Kritik ernteten. In diesem Zusammenhang ist vor allem festzuhalten, dass die Kommentarherausgeber des *Wall Street Journal* in diesem Netzwerk eine aktive Rolle spielen. Nicht zu verwechseln ist diese Rolle aber mit der Berichterstattung derselben Zeitung zum selben Thema. Hierfür können die folgenden Beispiele stehen.

Die Polarisierung, die sich aus der Wirkungsmächtigkeit feindbezogener Ideologien ergibt, führt aber nicht nur zu dem beschriebenen Funktionsverlust in der Administration selbst; während Militärs und Außenamtsbürokratie hinhaltend Widerstand leisten, werden andererseits selbst weitgeholte Szenarien in seriösen Medien kolportiert und finden somit eine gewisse Glaubwürdigkeit, die undenkbar wäre, wenn Präsidialamt und Außenamt mit einer Stimme sprächen. Ein Beispiel finden wir im *Spiegel Online* vom 15.08.2006, 13:17 Uhr, auf drei Seiten unter dem Titel „Bush's Blaupause für Angriff auf Iran“. Ein früherer Geheimdienstbeamter, so Hersh, habe ihm sogar gesagt: „Wir sagten den Israelis: Schaut mal, wenn ihr es tun müsst, dann stehen wir auf ganzer Linie hinter euch. Aber wir glauben, es sollte besser früher als später stattfinden –

[16] S. A 22.

denn je länger ihr wartet, desto weniger Zeit bleibt uns für die Auswertung und zur Planung für Iran, bevor Bush aus dem Amt scheidet." „Es" bezieht sich „auf einen Schlag gegen Hisbollah" und „gezielte Angriffe auf die Infrastruktur des Libanon".

Wenn am 31.10.2006 zwei Autoren in der *Frankfurter Allgemeinen Zeitung* auf Seite 12 eine viertelseitige Anzeige schalten müssen, die überschrieben ist „Entschuldigung an Scheich Khalid Bin Mahfouz und Scheich Abdulrahman Bin Mahfouz" und die Autoren eines Buches, das unter dem Titel „Die verbotene Wahrheit" Behauptungen über die Terrorfinanzierung gemacht hatte, dann kann dies nur zur weiteren Verunsicherung der Öffentlichkeit über die Glaubwürdigkeit verschiedener Quellen beitragen, insbesondere, wenn diese Autoren gezwungen sind, fortzufahren das Buch und der Bericht enthalten sehr schwerwiegende und höchst verleumderische Behauptungen über Scheich Khalid bin Mahfouz und Scheich Abdulrahman Bin Mahfouz und bezichtigen sie der angeblichen Unterstützung des Terrorismus über ihre Gesellschaften, Familien und Berufsorganisationen und auch direkt. Aufgrund der uns nun zur Verfügung stehenden Tatsachen akzeptieren und anerkennen wir, dass alle diese Behauptungen über sie und ihre Familen, Gesellschaften und Berufsorganisationen jeder Grundlage entbehren und ganz offenkundig falsch sind.

Die *Monde Diplomatique* vom Dezember 2006 beschäftigt sich ausführlich mit diesem Verfall der Glaubwürdigkeit. Alexander Cockburn schreibt über Verschwörungstheorien und den Zustand der Linken in den USA, die offenbar ihrer eigenen Regierung zutraut, das Drama des 11. September selbst herbeigeführt zu haben.[17]

Am 25. August 2006 berichtet Neil King Jr. auf der Seite A4 (also im berichterstattenden) Teil des *Wall Street Journal* von Kritik am US Außenministerium, insbesondere der Ministerin: „Rice is Under Fire as Mideast Deal Falters". Speziell wird der prominente neo-konservative Richard Perle zitiert, der auf den Kommentarseiten derselben Zeitung durchaus auch selbst zu Wort kommt: „This is an administration that frequently says things are unacceptable and then goes on to accept them". Damit wird aber deutlich, dass das Netzwerk und die US Außenpolitik durchaus nicht deckungsgleich sind. Kurz davor, am 07. August 2006 wird der Balanceakt der Außenministerin auf S. A 4 wiederum von Neil King Jr. Solomon beschrieben. Während ein UN Sicherheitsresolutionsentwurf

---

[17] Cockburn greift weit zurück und holt auch den unaufgeklärten Mord an John F. Kennedy und den Bericht der Warren-Kommission hinzu. Vgl. Cockburn 1999.

ein Ende der Gewalt verlangt, bombardieren israelische Luftwaffenflugzeuge Beirut. Die Reaktion der Außenministerin auf der Ranch des Präsidenten wird so beschrieben: „Speaking to reporters in Crawford, Texas where she was meeting with President Bush, Secretary of State Condoleezza Rice said the draft resolution represented "the international community's effort to bring about a reasonable, equitable basis for the cessation of hostilities." Its passage, she said, would clarify "who really did want to stop the violence and who didn't."“

Andererseits nimmt auf den Kommentarseiten[18] der angesehene Bundesrichter und Rechtsökonom Richard A. Posner Stellung für eine extensive Auslegung der Bundesverfassung im Sinne der Bush Administration. Seine Argumentation ist inzwischen auch aus Deutschland bekannt.

> "The dilemma of defeating terrorism while respecting essential civil liberties can perhaps be resolved by a change of focus from the adjudicative process to executive and congressional oversight. This would mean less effort at trying to prevent terrorism by means of criminal prosecutions, whether in regular courts or in ad hoc military tribunals, and less use of devices, such as the warrant, that are used mainly in criminal law enforcement. It is telling that no one was ever tried by the military commissions set up in the wake of 09/11, and that criminal prosecutions of terrorists have been few and have seemed to have little impact on the terrorist menace. Terrorists are difficult to deter and locking them up has only a limited preventive effect because the supply of terrorists is virtually unlimited. Fortunately, if a terrorist plot is detected it will usually be possible to neutralize the plotters without prosecuting them. Some can be deported, some held in administrative detention, some "turned" to work for us, some discredited in the eyes of their accomplices, some sent off on wild-goose chases by carefully planted disinformation, and some carefully monitored in the hope that they will lead us to their accomplices. Monitoring, even when it takes the form of wiretapping or other electronic interceptions, need not be conducted under a warrant. The Fourth Amendment restricts warrants, as I have said, warrantless searches are permissible as long as they are reasonable. The potential abuses of warrantless surveillance can be minimized, without judical intervention, by rules limiting the use of intercepted communications to national security, requiring that the names of persons whose communications by national security are intercepted (and the reasons for and results of the interception) be turned over to executive and congressional watchdog committees, and imposing draconian penalties on officials who violate civil liberties in conducting surveillance."

Die Rolle des Netzwerkes bzw. der Lobby wird auf den Kommentarseiten des *Wall Street Journals* direkt thematisiert, z. B. am 25./26. März 2006

[18] 22. August 2006, S. A 14

auf Seite A 8. Bret Stephens, der Herausgeber der Kommentarseiten, greift die Mearsheimer/Walt These direkt auf:

> "The professors make their case in an extensively footnoted "working paper" from Harvard's Kennedy School of Government, a revised version of which is published in the current issue of the London Review of Books. Their premise is that Israel is a huge strategic liability for the U. S., which wrecks our reputation in the Arab world, complicates our diplomacy at the U. N., inspires Islamic fanatism and terror, goads us into misbegotten wars and makes us complicit in Israeli human-rights abuses, all the while costing some $3 billion a year. But here's a puzzle: If Israel is so damaging to U.S. interests, why do consistent and broad majorities of Americans support it? A Gallup poll from last month shows that Americans are more sympathetic to Israelis than to Palestinians by 59 % to 15 %. Among Americans who claim to follow world affairs "very closely," Israel's favorable ratings rise to 66 %. I went back over polling data since the mid-1970's, and the percentages hold roughly constant. Americans also tell pollsters that Israel deserves support even if it puts the U. S. at greater risk of oil boycotts or terrorist attacks. The answer, according to Messrs. Mearsheimer and Walt, is "the unmatched power of the Israel Lobby," which they define as a "loose coalition of individuals and organizations who actively work to steer U. S. foreign policy in a pro-Israel direction." They might have underlined the word loose. In their reading, the Lobby comprises much more than just the American-Israel Political Action Committee (AIPAC) and other pro-Israel lobbies. It also pairs such opposites as the editorial pages of The Wall Street Journal and the New York Times; the right-of-center American Enterprise Institute and the left-of-center Brookings Institution; Republican Tom DeLay and Democrat Joe Lieberman; Bush Administration ambassador Martin Indyk. These aren't your usual political bedfellows. But for Israel, it would seem, they come together in a sordid cause."

Desweiteren erhält die Argumentation aber eine explizit konfrontative Note, die die Wagenburg Mentalität des Netzwerks unterstreicht.

> "I do not mean to suggest that Messrs. Mearsheimer and Walt are themselves anti-Semitic. But as outgoing Harvard President Larry Summers once noted, what may not be anti-Semitic in intent may yet be anti-Semitic in effect. By giving aid and comfort to people who have no trouble substituting the word "Jews" for "Israel Lobby," the Mearsheimer-Walt article is anti-Semitic in effect. It is also incredibly dumb, as an anecdote well-known to the staff of this editorial page will illustrate. Our late editor, Robert Bartley, is cited by Messrs. Mearsheimer and Walt as among the more notorious fellow travelers of the Israel Lobby. "[Yitzhak] Shamir, [Ariel] Sharon, Bibi [Nethanyahu] – whatever those guys want is pretty much fine by me," the article quotes him as saying. I can vouch for that quote, since Bartley said it to me. But what the authors take as evidence of the thrall in which the Israel Lobby held the editor of The Wall Street Journal was closer to the opposite. "My support for Israel," he once half-jokingly remarked to his staff, "is directly proportional to their willingness not to meet with me."

Eric Voegelin hatte sich ganz und gar dem Studium der Auswirkungen des Nationalsozialismus als totalitäre Ideologie auf die Urteilsfähigkeit des individuellen Bürgers verschrieben. Deshalb ist es bemerkenswert, dass nun nach dem 11. September der Begriff „Islamofaschist" auftaucht, z. B. am 17. August 2006 auf den Kommentarseiten des *Wall Street Journal*[19] in einem Artikel von Roger Scruton, Autor eines Buches zur politischen Philosophie konservativer Richtung[20]. Er nimmt Michel Foucault für sich in Anspruch. „This readyness to take offense is not yet terrorism – but it is a sign of the deep-down insecurity of the muslim psyche." Der Autor spricht dann aber nicht militärischen Aktionen das Wort, sondern will es mit Witz (und Spott) versuchen:

> "Whenever I consider this matter I am struck by a singular fact about the Christian religion, a fact noticed by Kierkegaard and Hegel but rarely commented upon today, which is that it is informed by a spirit of irony. Irony means accepting "the other," as someone other than you. It was irony that led Christ to declare that his "kingdom is not of this world," not to be achieved through politics. Such irony is a long way from the humorless incantations of the Koran. Yet it is from a posture of irony that every real negotiation, every offer of peace, every acceptance of the other, begins. The way forward, it seems to me, is to encourage the re-emergence of an ironical Islam, of the kind you find in the philosophy of Averroës, in Persian poetry and in "The Thousand and One Nights." We should also encourage those ethnic and religious jokes which did so much to defuse tension in the days before political correctness. And maybe, one day, the rigid face of some puritanical mullah will crack open in a hesitant smile, and negotiations can at least begin."

Am 11. September 2006 versuchte der US Präsident in einer Radioansprache noch einmal den Krieg gegen den Terrorismus zu rechtfertigen, wobei die doppelte Bedeutung des Wortes als Sinnbild und militärische Handlung die beiden Endpunkte des Bogens bildet, den die Rede umspannt.

> "On 9/11 our nation saw the face of evil. Yet on that awful day, we also witnessed something distinctly American: ordinary citizens rising to the occasion, and responding with extraordinary acts of courage. We saw courage in office workers who were trapped on the high floors of burning skyscrapers – and called home so that their last words to their families would be of comfort and love. We saw courage in passengers aboard Flight 93, who recited the 23rd Psalm – and then charged the cockpit. And we saw courage in the Pentagon staff who made it out of the flames and smoke – and ran back in to answer cries for help. On this day, we remember the innocent who lost their lives – and we pay tribute to those who gave their lives so that other might live."

---

19 S. A 8.

20 Scruton 2006.

Von dort führt aber der erstaunliche Gedankensprung zu den dreitausend gefallenen Soldaten, die die Operation bereits gefordert hat:

> "We can be confident that our coalition will succeed because the Iraqi people have been steadfast in the face of unspeakable violence. And we can be confident in victory because of the skill and resolve of America's Armed Forces. Every one of our troops is a volunteer, and since the attacks of September the 11th, more than 1.6 million Americans have stepped forward to put on our nation's uniform. In Iraq, Afghanistan, and other fronts in the war on terror, the men and women of our military are making great sacrifices to keep us safe. Some have suffered terrible injuries – and nearly 3,000 have given their lives. America cherishes their memory. We pray for their families. And we will never back down from the work they have begun." [21]

Auch angesichts des Irak Fiaskos blieb die Argumentationslinie antagonistisch, obwohl der Gegenpol sich unmerklich auf den Iran verschob. Robert Kaplan, wiederum im Kommentarteil des *Wall Street Journal*, am 6. September 2006 auf S. A20:

> "US Marines, special operations forces and air assets will remain in a few staging posts to strike at international terrorists, to balance against Iran and Syria, and to try to prevent all-out war between what is emerging as three institutionally separate parts of the country. Gen. George Casey's assertion that the Iraqi Army will be ready to stand up in 12 to 18 months disregards the fact that there are no reliable civilian institutions for it to represent. How these soldiers perform in the field is one thing: the social pressures they face quite another. Rather than democracy, the Bush administration may have to settle for mere governance of almost any sort. Think of late medieval maps, with no bold lines, only indistinct regions of Persian influence shading Kurdistan, Mesopotamia and elsewhere. The carnage caused by Mr. Bush's shattering of the post-Ottoman state system is minor compared to that in the former Soviet Union and its shadow zones after the Berlin wall fell. Can he keep it that way? Can he undermine Iranian hegemony even as he reduces whatever control he has in Iraq? The president may need to pull closer to the Saudi royals, Egypt's Hosni Mubarak and Jordan's King Abdullah. Weakened by our response to 9/11, terrified by Israeli incompetence in defending their interests in Lebanon, these regimes still demonstrate more enlightenment than their populations. They fear Iran more than do the Europeans. Whatever our ultimate decisions in regards to a nuclearizing Iran, we require all the help we can get. That is what comes of bold ideas, poorly executed."

Kaplan wird als Gastprofessor der US Naval Academy beschrieben.

Das Szenario eines Weltkrieges wird offen ausgesprochen und mit den Atombemühungen des Irans in Verbindung gesetzt. Der das schreibt,

---

[21] The White House, *President's Address to the Nation*, Sept. 11, 2006.

Robert D. Blackwill, wird als Präsident einer Republikanischen Lobby und Consultingunternehmung bezeichnet und „deputy national security advisor for strategic planning und Sonderbotschafter des Präsidenten im Irak 2003 und 2004:

> "In fact, it would likely be the U.S. that would be deterred once Tehran acquired nuclear weapons capability and threatened U.S. national interests. Many argued a decade ago against military action against North Korea's nuclear facilities. Negotiate, they insisted. The PDRK presently produces probably several nuclear weapons a year. Who's sorry now? Henry Kissinger reminds us that bureaucrats and experts instinctively favor delay, equivocation, negotiation and the status quo, "because short of an unambigous catastrophe the status quo has the advantage of familiarity and it is never possible to prove that another course would yield superior results. The use of American military force against Iran's nuclear weapons capability would be deeply dangerous for the U.S. and likeminded democracies for decades to come. It would be regarded by the entire world, friend and foe alike, as a strategic defeat for the U.S., and produce a major shift toward Iran in the balance of power in the Greater Middle East."

Leslie Gelb, ehemals Präsident eines „Council on Foreign Relations", rät am 28. Juli 2006 ebenfalls auf den Kommentarseiten des *Wall Street Journal* zu einer Eskalation des Konfliktes im Sinne eines Militärschlags gegen den Iran, einer Vorgehensweise, der sich Freunde und Bundesgenossen anzuschließen warteten:

> "Mr. Bush and Mrs. Rice are right to want a durable cease-fire, not just any cease-fire, and right to want a new Middle East, not this Middle East. But only American power can do this job, and hold back the radical tide and reverse it. For years now, Washington has compromised that power by fearing to exercise it fully. For Mr. Bush's first five years, it was either large-scale U.S. military force or nothing. Now, he has the opportunity to unleash American power in every dimension, letting the weight of diplomacy, money and arms reinforce each other, pitting American strenghts against the radicals' considerable vulnerabilities. Our friends and allies wait for these actions, and will join us. Such an effort could also restore Mr. Bush's power and prestige for the tough decisions he will face in his last two White House years."

Andererseits findet die Presse in Europa zu interessanten Antworten. Die *taz* erscheint am 30.09./01.10.2006 mit ihrem Namenszug auf Arabisch und titelt: „Bush foltert Demokratie: Der US Kongreß gibt George Bush nie gekannte Machtfülle." Der Präsident entscheidet jetzt in letzter Instanz über „Folter" von Terrorverdächtigen. Und der greise norwegische Friedensforscher Galtung präsentiert am gleichen Wochenende in derselben Zeitung seinen Atlas der Globalisierung und eine düstere Prognose der USA: „Er habe schon in den 1970er-Jahren gesagt, dass das Sowjetimperium 1990 am Ende sein werde, verlacht hätte man ihn damals dafür – zwei Monate früher als von ihm prognostiziert war es dann doch so weit. Und heute sei er felsenfest überzeugt, dass es mit dem US-Imperium im Jahr 2020 vorbei sein werde – mit allen Konsequenzen für den Nahen Osten" (S. VIII).

III.

Dass im Sinne Voegelins ein Netzwerk entstanden ist, das mit einem Anspruch auftritt, eine bessere Sache zu vertreten: gutes Regieren („good governance") und Demokratie und auch Wirksamkeit entfaltet, wurde anhand der zahlreichen Quellen dargelegt. Kann man dies aber Voegelin zurechnen? Die Studie von Michael Franz[22] ist eine politikwissenschaftliche Studie, die sehr dicht am Werk Voegelins bleibt[23]. Die Studie wurde in einem Abstand von fast zwei Jahrzehnten *vor* den hier ausgewählten Belegstellen verfasst und ist von diesen völlig unabhängig.

Den zentralen Begriff der *Pneumapathologie* führt Franz (mit Voegelin) am Beispiel des Philosophen Friedrich Nietzsche ein. Wir lesen:

> "It is likely that, as Voegelin's work becomes more widely known, criticism will revolve around the difficulties involved in his attempt to diagnose particular thinkers as spiritually diseased and the further difficulty of relating such an analysis to ancient forms of disease. These lines of criticism have already been suggested in the literature on Voegelin. For example, to speak of thinkers of the stature of Hegel, Marx, and Nietzsche as spiritually diseased, as scorcerers and magicians,[24] is a step that even some of Voegelin's most sympathetic commentators are unwilling to take."[25]

Damit ist der Patientenkreis der *Pneumapathologie* schier unübersehbar, wenn man alle Hegelianer, Marxisten und Nietzsche Nachfolger mitzählt. Aber wie diagnostiziert man den Zustand? Wir lesen:

> "Not all of the critisism has come from authors who were unsympathetic toward Voegelin's work. Dante Germino, one of the more distinguished of Voegelin's commentators, has written:
>
> One problem is to distinguish between "error and the person who errs," as John XXIII expressed it. Voegelin frequently seems to suggest that not only

---

[22] Franz 1992.

[23] 1992 lehrte der Autor Politische Wissenschaft am Loyola College in Maryland.

[24] Voegelin 1971 und 1981, passim.

[25] Franz 1992, S. 11–12.

the ideas of Hegel, Marx, and the rest of the "Gnostics" are erroneous, but that the thinkers are spiritually diseased as persons. I must confess that I still find it difficult to accept this latter judgement and wonder if it is necessary to condemn these thinkers as whole persons in the way, again, that Voegelin appears to argue [Emphasis in the original].[26]

Charitable as these remarks are, it may be that Germino's tolerance is misplaced. I would suggest that, to the degree that ideological systematizers have knowingly falsified reality for purposes of enlisting others in a ruinous project of world transformation, it was necessary for Voegelin to invoke the concept of spiritual disease; the real problem is that many of those who are subsequently enlisted in one or another way will not have partaken of the experiences that motivated the ideological patriach and thus would presumably not have fallen prey to the same disorder.[27] To expand upon a point made earlier, it is entirely possible to be swindled by an ideologist or a paraclete for reason of insufficient experience or study, or to be enlisted in a mass movement due to pressures from a corrupt regime or peers or simple boredom, without engaging in a self-conscious revolt against the condition of existence. It is the question of whether an individual has knowingly falsified reality and engaged in a self-concious revolt that should determine where we draw the line between spiritual disease and lesser disorders. It seems that Voegelin did not always respect this distinction, especially in his later years, and if Voegelin's tolerance is to be questioned, I believe that this is the appropriate ground.[28] Returning to Germino's argument, it would seem that Voegelin has left little room for a distinction between ideologists and their ideas. The premise of his late work (which is characterized by the shift after 1950 from intellectual history to the theory of consciousness) is that ideas are epiphenomenal manifestations of the experiences that set the pattern of an individual soul and its activity. With regard to Hegel and Marx, the thinkers mentioned by Germino, the salient experiences

---

[26] Germino 1982, S. 118, n. 29. The tentative tone of the passage is puzzling, since Voegelin used the term spiritual disease explicitly and with great frequency.

[27] Voegelin made a similar point (though clearly not with the intention of excusing the rank and file) in Voegelin/Hallowell 1975, S. 242–49.

[28] For example, in the following comment with regard to the inability of his work on the race and Kant's work on the idea of evolution to affect ideological conflicts on these topics, Voegelin seems to confuse stupidity with self-conscious closure or the "refusal to apperceive": "One should not think, however, that once this analysis is made, it has any influence on anybody. It does not. Neither did Kant have any influence on anybody in this respect, nor did my analysis of the race idea have any influence in this respect..... [T]here is still the same level of stupidity as you find in the 1920s and the same level of stupidity as you find in the time of Kant in the eighteenth century. So nothing happens in practice, even when the problem gets analyzed. One must not expect a rational analysis to make people intelligent all of a sudden. They remain as stupid as they were before." Voegelin, "Autobiographical Statement of Age Eighty-Two," S. 118.

are alienation from the conditions of existence, will to power (to the extent of attempted murders of God), and a hubristic desire to make history culminate in their own efforts. Their ideas are not simply erroneous; on the contrary, they are ingeniously orchestrated according to the inner logic of a spiritual rebellion that seeks popular acceptance. If Voegelin was correct in arguing that both were well aware of what they were doing, it is difficult to understand why criticism should be restricted to the level of ideas."[29]

Wie aber vergewissert sich Voegelin nicht selbst einer Ideologie zu erliegen? Wir lesen:

"Although it is not possible here to down aspects of ideology that have been proposed as these common elements by analysts other than Voegelin, it is important to note the general agreement among contemporary theorists that the last two hundred years have witnessed a proliferation of novel political orientations that conform to some shared pattern. In this respect Voegelin's analysis of ideological consciousness is situated in the mainstream of current conceptions. His departure from the mainstream consisted most directly in the assertion that ideologies are the products not of fallacious thinking on modern problems, but rather of a deeper disturbance in consciousness bearing only an inessential connection to the specifically modern aspects of the political world. For Voegelin it was not the atheistic, systematic, quasiscientific, progressivist, or activist tendencies of modern ideologies that represented their common, central elements. He indeed recognized these tendencies, but only as epiphenomenal manifestations of a revolt against the human condition within the order of being. From Voegelin's perspective, an ideology was less a body of propositions about things in the world than an effort to conjure up a new and improved world. Thus, since ideologies are constructed for the purpose of enacting such a transformation, activism and progressivism are inherent to their character. Moreover, since the very idea of a transformed world would be senseless if not accompanied by a rejection of the notion that the "old world" is divinely created and sustained, it is to be expected that idologies would tend toward atheism. Finally, since the preferred means for predicting and effecting the transformation will be those that appear most promising at a given time, it is equally unsurprising that nineteenth- and twenthieth-century ideologists would at least have affected the systematic form of the modern natural sciences. Voegelin's late work suggests that the fundamental motivations for a project of world transformation arise from the human condition as such, rather than from the historical circumstances of a particular period.[30] This

[29] On the intentionality of the Hegelian and Marxian deformations of reality see *Science, Politics and Gnosticism*, 23–28, 34–46; "On Hegel: A Study in Sorcery," *passim*; *The Eumenic Age*, pp. 262–66; *Anamnesis*, 3–4. On the general issue of intentionality in pneumapathological consciousness, see esp. "The Eclipse of Reality."

[30] Voegelin's late work (at least with regard to his diagnostic analyses) would include those writings published after the release of Volume II and III of Order

> does not imply, however, that the characteristics of a period will play no part in determining the phenomenal aspects or the popular appeal of such projects. Although Voegelin's analysis does have the effect of "de-modernizing" the essence of ideology, it would be incorrect to state that this understanding of ideology is ahistorical."

Man hat dasselbe Erlebnis wie auf den Kommentarseiten des *Wall Street Journals*. Dem Überzeugten kommt dies überzeugend vor, anderen erscheint es als petito principii. Im Übrigen erkennen wir aus dem Zitat, woher der Außenminister Rumsfeld seine Vorstellungen von der (rückständigen) alten Welt hatte.

Schluss

In diesem Arno Waschkuhn gewidmenten Aufsatz gehe ich seiner Einschätzung des Autors Eric Voegelin und seiner Wirkung nach. Ich berichte systematisch aus der Lektüre ausgewählter Tageszeitungen und bin mir sicher, dass dieser Ansatz dem Kollegen sympathisch vorgekommen wäre. Ich komme im Ergebnis zu etwa derselben Einschätzung von Anspruch, Netzwerk und Wirkung des Autors Eric Voegelin wie Arno Waschkuhn.

Literaturverzeichnis

Brumlik, M. (2006), „Am Anfang war die Teilung," in: *die tageszeitung*, 07./08. Oktober 2006, S. 21.

Bülow, A. (2003), *Die CIA und der 11. September*, München.

---

and History in 1957. It is clear that Voegelin had once seen a more intimate connection between ideology and modernity, because the first chapter of *The New Science of Politics* (1952), which treats of ideological movements, was entitled, "Gnosticism – The Nature of Modernity" (p. 107). By 1959 Voegelin was already speaking of an „essential sameness of attitudes and motives in ancient and modern gosticism." See the English translation of Wissenschaft, Politik, und Gnosis (Voegelin's inaugural lecture at the University of Munich) – Science, Politics and Gnosticism, 40. It appears that in the 1970s Voegelin came to doubt whether modernity had a distinct nature at all. The essence of gnosticism (or pneumapathological conciousness) seem to have been completely dissociated with modernity in *The Eumenic Age* (1974). Nowhere is this more forcefully suggested than in two rhetorical questions from that work: "What exactly is modern about modernity?" and "What is modern about the modern mind?" (7,68). In neither instance is an answer proposed. Note also Voegelin's references to "the so-called Modern Age" ("On Hegel: A Study in Sorcery," 337), "the so-called- modern period" ("Wisdom and the Magic of the Extreme: A Mediation," 268), and "the so-called modernity" (*Autobiographical Reflections*, 102).

Cockburn, A. (1999), *Corruptions of Empire*. London/New York.

Deutsche Biografische Enzyklopädie Band 10. München 2001.

Ferguson, N. (2006), „Sehnsucht nach Smallville,“ in: *Financial Times Deutschland*, 03. August 2006, S. 24.

Franz, M. (1992), *Eric Voegelin and the Politics of Spiritual Revolt: The Roots of Modern Ideology*. Baton Rouge and London.

Germino, D. (1982), „Eric Voegelin's Framework for Political Evaluation in His Recently Published Work,“ in: Sandoz, E. (Hg.), *Eric Voegelin's Thought: A Critical Appraisal*, Duke.

Mearsheimer, J. and Walt, S. (2006), "The Israel Lobby," in: *London Review of Books*, S. 1–37.

Musharbash, Y. (2006), „Bushs Blaupause für Angriff auf Iran,“ in: *Spiegel Online*, 15. August 2006.

Posner, R. (2006), "The Constitution vs. Counterterrorism," in: *The Wall Street Journal*, 22. August 2006, S. A 12.

Stephens, B. (2006), "The Israel Conspiracy," in: *The Wall Street Journal*, 25.–26. März 2006, S. A 8.

Kaplan, R. (2006), "Hostage to Fortune," in: *The Wall Street Journal*, 6. September 2006, S. A 20.

Gelb, L. (2006), "Time to Talk (to the Bad Guys)," in: *The Wall Street Journal*, 28. Juli 2006, S. A 14.

„Mit den USA ist es 2020 vorbei.“ Interview mit J. Galtung, in: *die tageszeitung*, 1. Oktober 2006, S. VIII.

Ricks, Th. (2006), *Fiasco: The American Military Adventure in Irak*, New York.

Rubin, M. (2006), "An Arrow in our Quiver," in: *The National Review*, 28.08. 2006.

Scruton, R. (2006), *A political Philosophy: Arguments for Conservatism*, New York.

Sen A. (2007), *Identity and Violence*, New York.

Varadarajan, T. (2006), "Why we can't all get along," in: *Wall Street Journal*, April 21, 2006, S. W 8.

Voegelin, E. (1971), "On Hegel: A Study in Sorcery," in: *Studium Generale*. Nr. 24, S. 335–368.

Voegelin, E. (1981), "Wisdom and the Magic of the Extreme: A Meditation." In: *Southern Review*. New Series, XVII, 2, S. 235–87.

Voegelin, E. (1990), *Science, Politics and Gnosticism*, Washington, D.C.

Voegelin, E. / Hallowell, J. (1975), *From Enlightenment to Revolution*, Duke.

Waschkuhn, A. (2002), *Grundlegung der Politikwissenschaften*, München, Wien.

West, B. (2006), "Fiasco," in: *National Review*, September 11, 2006, S. 42.

Amor Mundi – von der Mundialität der Politischen Theorie

Karl-Heinz Breier

1. Freiheit als Lebensweise

> „Wenn man uns vorwarf, wir verstünden unter Freiheit nicht mehr als freie Marktwirtschaft, haben wir wenig getan, diese ungeheuerliche Unwahrheit zu widerlegen, ja sie mitunter auch noch bekräftigt; und man könnte viele Beispiele nennen, in denen wir der grotesken Vorstellung Vorschub leisteten, daß in dem Nachkriegskonflikt zwischen dem Westen und den ‚revolutionären' Ländern des Ostens nicht mehr auf dem Spiel stünde als Wohlstand, Reichtum, Überfluß. [...] Auf keinen Fall ist auf ein wie immer geartetes Wirtschaftssystem in Sachen der Freiheit Verlaß [...]."[1]

Was Hannah Arendt Anfang der sechziger Jahre zu bedenken gab, ist aktuell wie nie zuvor. Über Jahrzehnte hinweg hat sich die westliche Welt ihrer wirtschaftlichen Erfolge gebrüstet, und gezählt und gewogen wurde alles, was über Zahlen und Maßeinheiten zu vergleichen ist. Immerhin, es galt, im Systemvergleich gegenüber der kommunistischen Herausforderung zu bestehen, und warum sollte da nicht unsere leistungszentrierte und folglich effizientere Methode des Wirtschaftens ins Feld geführt werden?

Je weiter heute unser Blick nach Osteuropa dringt, desto konkreter haben wir es vor Augen: Ohne funktionierende Wirtschaftsabläufe ist alles nichts. Und spätestens die Fernsehbilder aus den ärmsten Regionen unserer Erde machen uns in aller Schärfe klar: Die Not der Armut ist der größte Feind der Freiheit.

Doch neben der materiellen Armut gibt es einen zweiten Feind der Freiheit. Besonders sehen wir dies in Ländern, in denen nach der Befreiung von der Diktatur an keine Erfahrung bürgerlicher Selbstregierung angeknüpft werden kann. Die in der Tyrannei als fremd und feindlich erfahrene politische Ordnung hatte nicht nur das öffentliche Leben verwüstet, sondern auch die Psychen vieler Menschen sind in Mitleidenschaft gezogen worden. Das heißt: Angesichts dieser Herausforderungen ist es unabdingbar, unser westliches Freiheitsverständnis einer radikalen Selbst-

---

[1] Arendt 1963, S. 279 f.

klärung zu unterziehen. Denn Freiheit ist eine Lebensweise, und die Lebensweise der Freiheit erschöpft sich keineswegs in den Tätigkeiten eines erfolgreichen Geschäftsmannes. Sowohl die Not der Armut als auch die Not des Reichtums können von einer gelungenen Lebensweise abhalten. Was hingegen eine republikanische Freiheitsordnung anzubieten hat, ist die Möglichkeit, dass Gesellschaftsmitglieder zu Bürgern werden. Und hierin liegt die Alternative sowohl zu Herrschaft als auch zu Anarchie.

Im letzten Buch seiner *Discorsi* schreibt Niccolò Machiavelli: „Um einer Republik die Freiheit zu erhalten, bedarf es jeden Tag neuer Maßnahmen."[2] Und dem Florentiner ist bewusst, dass die permanente Reformfähigkeit einer Freiheitsordnung nicht der *fortuna*, also den Launen und Zufällen überlassen werden darf. Wer eine Republik auf der Höhe ihrer Integrationskraft halten will, bedarf der *virtù* – und zwar der politischen Klugheit und Tüchtigkeit sowohl von Seiten der Regierenden wie auch von Seiten der Regierten. Hier zeigt sich Machiavelli ganz als Renaissancedenker. Er knüpft unmittelbar an Aristoteles an, der uns im ersten Buch seiner *Politik* eben dieses lehrt: „Wo eines regiert und das andere regiert wird, gibt es eine gemeinsame Leistung beider."[3] *Leadership* und *citizenship* gehören offenbar zusammen.

Für Aristoteles und Machiavelli ist es vollkommen klar: Die permanente Kraftanstrengung, eine Freiheitsordnung und ihre Institutionen intakt zu halten, ist ohne ein gefestigtes Selbstverständnis der Bürger nicht möglich. Denn eine Republik bildet sich nicht nur *aus*, sondern auch *durch* und bestenfalls *in* den Bürgerinnen und Bürgern. Von daher macht es Sinn, von der *inneren* Republik der Bürger zu sprechen. Gemeint ist jene innerpsychische Verfasstheit, die allein der *äußeren* Verfassung, den Institutionen der Republik, das Leben einzuhauchen in der Lage ist.[4] Ohne eine fundierte *innere* Republik kann keine verlässliche Bürgerordnung bestehen, und die Frage nach unserer Bürgerverantwortung zielt im Kern darauf ab, in unserer Psyche die *innere* Republik zu stärken und zu festigen.

Gehört es da nicht zur unverzichtbaren Aufgabe, gerade auch die Erwachsenen von morgen[5], die Kinder und Heranwachsenden mit den Denk- und Wirklichkeitskategorien republikanischer Selbstregierung vertraut zu machen? Das heißt, in dem Maße, in dem sich in *heran*wachsenden wie auch in *er*wachsenen Menschen die Republik bildet, werden sie

---

[2] Machiavelli 1977, S. 404.

[3] Aristoteles, 1254a 27 f.

[4] Breier 2003.

[5] Vgl. Savater 1994.

erst zu Bürgern. Der Begriff *Bürgerbildung* hat vor diesem Hintergrund einen zweifachen Klang: Bürger bilden sich nicht nur, sondern als politisch sich Bildende bilden sie sich auch erst zu Bürgern.

Die große Herausforderung, vor der wir am beginnenden 21. Jahrhundert stehen, besteht darin, dass wir uns zu Bürgern bilden. Und jede Politische Wissenschaft, die die Frage nach der Bürgerverantwortung ernst nimmt, muss sich daran messen lassen, inwieweit sie orientierend zur Seite steht und einen sprachlichen Zugang zur eigenen politischen Selbstinterpretation leistet.

2. Republikanische Verfassung und Verantwortung von Amtsinhabern

Eine Republik – Ernst Vollrath nennt sie „*die* Institution der Institutionen“[6] – ist nur so machtvoll, wie sie intellektuell, emotional und habituell verankert ist, sprich wie sie in den Köpfen, Herzen und Gewohnheiten präsent ist. Eine Republik, in der die Bürger den Anspruch erheben, sich selbst zu regieren – und selbstverständlich ist dies auch in repräsentativ verfassten Ordnungen der Fall –, ist die bei weitem anspruchsvollste politische Ordnung.

Während Willkürherrschaften, die sich Herrschaft anmaßen, in ihrem Kern unpolitisch sind, muss eine machtvolle Freiheitsordnung in den Denk- und Handlungsgewohnheiten möglichst vieler Bürger verankert sein. Nur so wird die politische Ordnung mächtig und machtvoll. Und wohlgemerkt, machtvoll zu sein, bedeutet nicht, gewalttätig zu sein. Das gerade Gegenteil ist der Fall: „Das Maß der Gewaltanwendung ist ein Maßstab für das Schwinden einer Autorität.“[7] Je machtvoller eine politische Ordnung ist, desto weniger muss sie auf Gewaltandrohung und Gewaltanwendung zurückgreifen. Gerade Regime, die ihre Ohnmacht erfahren, die also an Zustimmung verlieren und die keine Unterstützung erfahren, stehen in der Versuchung, die ihnen entzogene Macht durch Gewaltmittel ersetzen zu wollen. Doch fehlende innere Annahme lässt sich nicht erprügeln.

Pouvoir im Sinne Montesquieus bedeutet sowohl *Macht* als auch *können.* Im Unterschied zu Rousseau, dessen Gedanken um die willentliche Selbstgesetzgebung kreisen, geht es Montesquieu nicht um *vouloir*, sondern um *pouvoir.* Nicht das *Wollen* in seiner weltlosen Innerlichkeit ist

---

[6] Vollrath 1996, S. 137.

[7] Jaspers 1983, S. 31.

sein Thema, sondern allein das praktische *Können*, das *in* der Welt seinen Ort hat und zwischen Menschen in Erscheinung tritt, hat politischen Charakter. Montesquieus Thema sind die *rapports*, die weltlichen Bezüge zwischen Menschen.

Macht bildet sich, wenn die politischen Institutionen intakt sind, und intakt sind sie in einer freiheitlichen Ämterordnung, wenn sich die Bürgerinnen und Bürger in den Institutionen zum politischen Handeln gleichsam einladen. Eben hierin liegt das Betriebsgeheimnis jeder föderal verfassten politischen Ordnung. Macht konstituiert sich durch die Teilhabe möglichst Vieler, und zwar mit der wundersamen Folge, dass das politische Handeln einzelner Amtsinhaber eingehegt, begrenzt, ja genau genommen *entsouveränisiert* wird. Sich als Einzelner etwa zum Souverän zu erheben, ist höchst unpolitisch. Denn der Souverän einer jeden Freiheitsordnung ist ein Plural; es ist die Pluralität der Bürgerinnen und Bürger, die all den unterschiedlichen Amtsinhabern Macht überhaupt erst anvertrauen. Und die Anvertrauung der Macht geschieht nicht willkürlich, sondern geordnet, nämlich nach den Grundsätzen und Regeln der gemeinsamen Verfassung.

Mit Aristoteles gesprochen bedeutet dies: Die Verfassung, sprich die Ordnung der Ämter hinsichtlich der unterschiedlichen Kompetenzen, ist das heilige Buch einer wohlgeordneten Polis.[8] Und Bürger kann nur sein, wer nicht in einer Tyrannis lebt. Denn unter angemaßter Herrschaft zu leben und Bürger zu sein, ist nicht miteinander vereinbar. „Angemaßte Herrschaft und anvertraute Macht“[9] schließen sich kategorisch aus. Eine republikanische Ämterordnung lebt von anvertrauter Macht, und jede angemaßte Herrschaft, die eine Gesellschaft in Herrscher und Beherrschte spaltet, negiert das gemeinsame Gut einer auf dem Recht beruhenden Bürgerordnung.[10]

> „Auch eine Regierung des bürgerlichen Einverständnisses und der bürgerlichen Anvertrauung erteilt Befehle und übt Zwang aus, aber sie tut es vermöge einer fundamentalen Vereinbarung – wir nennen sie die Verfassung. Sie *herrscht* [kursiv von K.-H. B.] nicht über Menschen. Regierung ist nicht Herrschaft.“[11]

Was bedeutet dies nun für die Amtsinhaber und Repräsentanten? Sie sind es ja, die im hellen Licht der Öffentlichkeit handeln, und von ihnen können die Bürgerinnen und Bürger zu Recht erwarten, dass sie sich der an-

---

[8] Vgl. Aristoteles, Politik, 1278b 9 ff.
[9] Breier 2003, S. 11 ff.
[10] Vgl. ebd., S. 145 ff.
[11] Sternberger 1967, S. 67.

vertrauten Macht als würdig erweisen. Allen, denen öffentliche Ämter anvertraut sind – und das reicht in der Tat vom Klassensprecher bis hin zum Bundespräsidenten –, sollte bewusst sein, dass sie in ihrem öffentlichen Sprechen und Handeln das politische Selbstverständnis der eigenen Ordnung zum Ausdruck bringen. Das heißt, Repräsentanten sind den Repräsentierten gegenüber nicht nur rechenschaftspflichtig für ihr öffentliches Handeln, sondern sie tragen auch dahingehend Verantwortung, dass sie in ihrer jeweiligen Amtsführung immer auch die Standards der gemeinsamen politischen Ordnung repräsentieren.[12] Denn wie keine andere Ordnungsform lebt eine Republik von ihrer öffentlichen Sichtbarkeit.[13] Da wäre es für die Bürgerordnung fatal, wenn beispielsweise höchste Amtsinhaber statt die Gesetze einzuhalten den Gesetzesbruch repräsentieren würden. Wie sollten dann so genannte „einfache" Bürger die Würde und Unantastbarkeit ihrer Freiheitsordnung erfahren können? Und wie sollte unter solchen Umständen Freiheit verbürgender Bürgerstolz wachsen können?

Nur eine intakte Bürgerordnung, die die Bürger als *ihre* wahrnehmen, kann in Krisenzeiten bestehen. Jede bloß aufgesetzte Ordnung, der es an innerer Annahme ermangelt, tut sich dagegen schwer. Sie dürfte in Krisenzeiten wie ein Kartenhaus in sich zusammenfallen. Montesquieu bringt diese Einsicht sehr pointiert auf den Punkt: „In der republikanischen Regierungsform ist man auf die ganze Stärke der Erziehung angewiesen"[14], schreibt der Franzose in seinem Hauptwerk *De l'Esprit des Lois*. Und weiter heißt es:

> „Nun geht es aber mit der Regierung genau so wie mit allen anderen Dingen der Welt: man muß sie lieben, um sie zu erhalten. Nie hat man sagen hören, daß die Könige die Monarchie nicht liebten oder daß die Despoten den Despotismus haßten. So kommt also alles darauf an, in der Republik diese Liebe zu begründen; sie in die Herzen zu pflanzen, muß das Ziel der Erziehung sein. Ein sicheres Mittel aber, sie den Kindern einzuprägen, ist es, daß die Väter sie selbst besitzen. […] Die heranwachsende Jugend entartet nur, wenn die Erwachsenen schon verdorben sind."[15]

Doch was ist, wenn „die Mütter und Väter" das Gut einer Republik selbst nicht kennen gelernt haben oder wenn sie keine wertschätzende Haltung zu ihrer politischen Ordnung entwickeln konnten?

---

[12] Vgl. Landshut 2004, S. 421 ff.

[13] Vgl. Breier 2005, S. 66 ff.

[14] Montesquieu (1992), 1. Bd., S. 53.

[15] Ebenda, S. 53 f.

Karl Jaspers spricht in diesem Zusammenhang von der „Selbsterziehung der erwachsenen Bürger“[16] zu ihrer eigenen politischen Ordnung, und vor diesem Hintergrund gehört es zu unserer Bürgerverantwortung, dass wir die *res publica*, unsere gemeinsame Angelegenheit, überhaupt erst als die unsere erkennen und wahrnehmen lernen. Denn erst in dem Maße, in dem es den Bürgern untereinander gelingt, in ihren täglichen Gewohnheiten wie auch in ihrem institutionellen Handeln eine republikfreundliche Mentalität – und dies ist mehr als eine auf bloße Gesinnung abzielende Werteerziehung – auszubilden und zu pflegen, wird die Republik als weltlich bedeutsame Realität fest verankert sein. Und von daher liegt es auf der Hand, dass im politischen Selbsterziehungsprozess den führenden Repräsentanten eine ausschlaggebende Bedeutung zukommt.[17]

Amtsinhaber in einer Republik, denen mit ihrem jeweiligen Amt von ihren Mitbürgern Amtskompetenzen sowie damit verbundene Rechte und Pflichten übertragen worden sind, sind ihren Mitbürgern für die Art und Weise ihrer Amtsführung verantwortlich. Von ihnen muss erwartet werden können, dass sie die Standards der gemeinsamen Ordnung im wahrsten Sinne des Wortes *verkörpern*. So hängt es entscheidend von den Qualitäten der Amtsinhaber ab, ob sie das Vertrauen in die gemeinsamen Institutionen stärken oder ob sie zu Misstrauen gegenüber „denen da oben“ Anlass geben.

Versuchen die Repräsentanten über sachbezogene und aufrichtige Debatten ihren Mitbürgern die politischen Kontroversen vor Augen zu führen oder aber versuchen sie durch unernstes Gerede, durch Bemäntelung oder gar Täuschung das Publikum hinter das Licht zu führen? Laden sie in aufklärender Rede und Gegenrede zum Nachvollzug der politischen Alternativen ein oder ergehen sie sich in Allgemeinplätzen und reden in ihrer Sorge um Machterwerb und Machterhalt gar die drängendsten Probleme herunter?

Karl Jaspers unterscheidet zwischen „zwei Grundgesinnungen in der Politik“[18]: Die eine Grundgesinnung erzeugt jene „Politik aus Verachtung“, die wie auf einem Thron sitzend sich „vermeintlich zum Herrschen berufen“ sieht, während allein die andere Grundgesinnung, der zufolge Bürger ihre Mitbürger in allem Ernst in die Politik und die in ihr ausgetragenen Auseinandersetzungen einzubeziehen suchen, der Festigung der Bürgerfreiheit dient. Auf diesen Sachverhalt, auf die gleichsam erzieherische Dimension politischen Handelns, hat auch bereits Aristote-

---

[16] Jaspers 1981, S. 292.

[17] Vgl. Aristoteles, Politik, 1337a 9 ff.

[18] Jaspers 1981, S. 254.

les im fünften Buch seiner *Politik* hingewiesen. Richtig „gute" Politik erzieht die Mitbürger zur Verfassung, sie festigt bestenfalls den Grundkonsens und dient als Vorbild für die nachwachsende Generation.[19] Modern gesprochen: *Leadership* und *citizenship* gehören zusammen, und aristotelisch gedacht erweist sich die Qualität von *leadership* daran, wie sehr es den *leadern* gelingt, *citizens* hervorzubringen und zu stärken.

Auch für Montesquieu steht der *Esprit des Lois*, eben der *Geist* der Gesetze im Vordergrund seiner Betrachtung. Da ist es nicht möglich, in politischen Dingen einfach nur ein paar Kippschalter umzulegen. Die über Jahre und Jahrzehnte eingeübten Sitten und Gewohnheiten lassen dies nicht zu. Kein technizistisches Machbarkeitsideal hilft da weiter. Montesquieu schildert sehr eindringlich die Prägekraft der *mœurs* und er betont das ihnen eigene Beharrungs- und Verstetigungsvermögen. Eine sich souverän wähnende Kippschaltermentalität, die meint, etwa in Ingenieursmanier eine neue Gesellschaft am Reißbrett entwerfen zu können, ist für ihn politisch höchst naiv.

Ganze Gesellschaften, und nicht nur die jeweils Heranwachsenden, stehen vor der beständigen Aufgabe, sich selbst in ihre politische Ordnung einzubürgern. Mit einem Crashkurs in Werteerziehung ist da offensichtlich nicht viel zu erreichen. Denn was kann realistischerweise ein 48-Stunden-Wochenendseminar in der politischen Bildung ausrichten, wenn es darum geht, Gewohnheiten zu verändern, die sich in 48 Jahren gebildet und verfestigt haben?

3. Wirklichkeitskategorien und mundiale Selbstinterpretation

Bei der Erörterung des Politischen haben wir es immer mit dem gewachsenen Selbstverständnis einer ganzen Gesellschaft zu tun. Und jede Wissenschaft von der Politik muss sich vergegenwärtigen, dass wir immer schon in einer bereits *interpretierten* Wirklichkeit leben. Die Realität, die wir vorfinden und in der wir leben, ist immer schon eine vorstrukturierte Wirklichkeit; sie präsentiert sich uns als eine Wirklichkeit, die kategorial immer schon erschlossen ist. Mit anderen Worten: Den Kategorien, *in* denen und *mit* denen wir unsere Realität wahrnehmen und deuten, kommt höchste Bedeutung zu.

Während nun die Praktiker der Politik stets um Zustimmung, Unterstützung und Anerkennung ringen müssen, ist es die Aufgabe der Theoretiker der Politik – hier insbesondere der Politischen Theorie – die Kate-

[19] Vgl. Aristoteles, Politik, 1310a 12 ff.

gorien, mit denen und durch die wir unsere gemeinsame Realität wahrnehmen und interpretieren, geistig hinreichend zu durchdringen.

Ein Beispiel: Es macht einen Unterschied, ob wir sagen „Der Staat und seine Bürger", oder ob wir sagen „Die Bürger und ihre politische Ordnung". Im ersten Fall – *Der Staat und seine Bürger* – kommt dem Staat – wer ist das eigentlich? – eine eigentümliche Weihe zu. Er wird zu einer eigenständigen Substanz verklärt, und die Bürger werden ihm besitzanzeigend („seine") zugeordnet. Kategorial treten die Bürger lediglich als Objekte in Erscheinung, als Behandelte, mit denen etwas geschieht oder die etwas zu erleiden haben. Der Handelnde ist *der Staat*, manche sagen auch *Vater Staat*, und die Betroffenen sind „seine" Bürger, denen in dieser kategorialen Gegenüberstellung gar keine eigene politische Existenz zugesprochen wird.

Demgegenüber liegt die Betonung bei „*Die Bürger und ihre politische Ordnung*" eindeutig bei den Bürgerinnen und Bürgern, die sich gemeinsam ihre politische Ordnung anvertrauen, *ihre* politische Ordnung, die eben *ihre* Ordnung ist, und in der sie womöglich ein zu pflegendes und schätzenswertes Gut sehen, das sie alle verbindet. Zugleich macht der Plural „Die Bürger" deutlich, dass nicht ein irgendwo verortbares Monopol agiert, sondern dass politisches Handeln geradezu der Pluralität bedarf. Der Raum des Politischen entsteht allererst durch die Pluralität, eben durch die Vielzahl von Ansichten und Perspektiven, die das Geflecht des Politischen überhaupt erst konstituiert. Kein Robinson auf seiner Insel könnte je sinnvoll von Politik sprechen.

> „Das Phänomen des Politischen zeigt sich in seiner Wahrnehmung und von dieser her. Es ist außerhalb seiner Wahrnehmung gar nicht sichtbar, d. h. kein Phänomen. Noch mehr: das Politische, das, ohne etwas bloß Subjektives zu sein, kein objektives Ding ist, existiert außerhalb seiner Wahrnehmung nicht."[20]

Ernst Vollraths Studie *Was ist das Politische?* führt das Phänomen des Politischen auf die Art und Weise seiner Wahrnehmung zurück. So lautet der Untertitel: *Eine Theorie des Politischen und seiner Wahrnehmung*. Wahrnehmung bedeutet Wahr*nehmung*, und politisch gesprochen ist jede Wahrnehmung immer jemandes Wahrnehmung. Aus den Perspektiven unterschiedlich Wahrnehmender stellen sich die politischen Phänomene verschieden dar. Ein vermeintlich eindeutiger Sachverhalt entpuppt sich als durch und durch mehrdeutig, und je nachdem, in welchem Situationszusammenhang der vermeintlich eindeutige Sachverhalt verortet

---

[20] Vollrath 2003, S. 17.

wird, entsprechend offensichtlich tritt seine Uneindeutigkeit vor Augen.

Die Kategorien, mit denen wir uns unsere Wirklichkeit erschließen, sind von größter Bedeutung, und es gehört damit zur Aufgabe jeder verantwortlichen Politischen Wissenschaft, sich ihrer eigenen kategorialen Erschließung von Welt bewusst zu werden. Das heißt, es geht um die Selbstinterpretation von Menschen in der Welt, sprich darum, wie wir uns selbst *wahr*nehmen. So lesen wir bei Charles Taylor:

> „Der Sinn unserer Selbstinterpretationen ist, daß sie uns helfen, unser Leben zu gestalten. Es sind nicht einfach Ideen *über* uns, sondern sie tragen dazu bei, das zu konstruieren, was wir sind."[21]

Ideen sind für Charles Taylor Selbstinterpretationen, die unsere Lebenspraxis durchformen und die unserer Existenz Sinn und Orientierung verleihen. Ideen prägen unser Selbstverständnis und politisch gesehen umgreifen sie die individuellen Selbstinterpretationen. Ideen verbinden einzelne Lebenszusammenhänge miteinander und in ihrem Verbund bringen sie ein Verständnis der von uns gemeinsam geteilten Welt hervor. Ideen, wir können auch sagen Kategorien, bilden die geistigen Formen, die Verstehensmuster, sprich den *common sense* gemeinsamer Welterfahrung.

Wichtig ist: Ideen dürfen nicht als bloße Meinungen oder gar wirklichkeitsfremde Wunschvorstellungen abgetan werden. Der kanadische Denker Charles Taylor, der seinem akademischen Lehrer Isaiah Berlin darin folgt, die grundlegende Bedeutung der Ideen für die Konstituierung menschlicher Identität hervorzuheben, weist deshalb darauf hin, dass unser menschliches Selbstverständnis untrennbar mit unserem Weltverständnis verwoben ist. Für den Hermeneutiker Taylor steht fest, dass die „Identität in gewisser Weise den Horizont meiner moralischen Welt festlegt."[22]

> „Unsere Identität ist [...] durch bestimmte Wertungen definiert, die untrennbar mit uns als Handelnden verknüpft sind. Würden wir dieser Wertungen beraubt, so wären wir nicht länger wir selbst [...]. Unsere Existenz als Personen und damit unsere Fähigkeit, als Person an bestimmten Wertungen festzuhalten, würde außerhalb des Horizonts dieser wesentlichen Wertungen unmöglich, wir würden als Personen zerbrechen, wären unfähig, Personen im vollen Sinne zu sein."[23]

---

21 Taylor 2002a, S. 221.
22 Taylor 2002b, S. 271.
23 Taylor 1999a, S. 37.

Als handelnde und sprechende Wesen sind wir Menschen offenbar auf Sinnzusammenhänge angewiesen und verwiesen. In Sinn- und Bedeutungszusammenhängen zu leben, gehört zur *human condition,* zur unhintergehbaren *conditio humana* unserer Existenz. Daher warnt Taylor zu Recht vor der reduzierten Herangehensweise des *Szientismus,* der meint, ethische und politische Phänomene wie Sachverhalte der physikalischen Welt behandeln zu können.[24] Er weist darauf hin, dass jeder szientistische Weltzugriff schlicht vorbei greift. Denn wo die Bedeutungsdimension menschlichen Handels und Sprechens unterschlagen wird, wird das Politische in seiner Eigenart verkannt. Und wo das Politische wie ein Sachverhalt der physikalischen Welt verortet wird, verlieren politische Phänomene ihren originären Charakter. Infolge der „Weltlosigkeit des archimedischen Punktes“[25] werden sie ihrer Bedeutung beraubt und damit sind sie im erschreckendsten Sinne des Wortes *bedeutungslos.*

Allein über bedeutsame Denkgewohnheiten, also Kategorien, können wir unser Dasein verstehen und ohne die Macht der Ideen – *The Power of Ideas*[26] – könnten wir uns gar nicht über mögliche Wege gemeinsamer Daseinsgestaltung verständigen. Vor diesem Hintergrund entfaltet Charles Taylor verschiedene Stränge menschlicher Selbstinterpretation, und in dieser Vielfalt unterschiedlichster Selbstinterpretationen drückt sich für ihn die existenzielle Vielfalt menschlichen Daseins aus. Ein Gedanke, der uns von Aristoteles her vertraut ist: Nur aus dieser Pluralität entspringt das Politische.

> „Es ist aber doch klar, daß ein Staat, der immer mehr eins wird, schließlich gar kein Staat mehr ist. Seiner Natur nach ist er eine Vielheit.“[27]

Sosehr nun auch konkrete Lebensführungen immer eine Aus*wahl* verschiedener Möglichkeiten darstellen, so wenig sollten sie jedoch mit der Auswahl von objektiven Gegebenheiten verwechselt werden. Bei der Wahl unserer Lebensführung greifen wir nicht in irgendein Regal hinein. Sein Leben zu führen und angesichts der Vielzahl aller möglichen Wege einen bestimmten und ganz konkreten Weg zu gehen, ist etwas anderes als ein Auswahl- und Kaufakt, in dem wir uns für dieses oder jenes Produkt entscheiden. „Das Leben ist ein Tätigsein“[28], formuliert Aristoteles in bewundernswerter Klarheit, und im Vollzug des handelnden Tätig-

---

[24] Vgl. Taylor 1975, S. 154 ff.

[25] Breier 2007, S. 12 ff.

[26] Vgl. Berlin 2000.

[27] Aristoteles, Politik, 1261a 17 ff.

[28] Ders., Nikomachische Ethik, 1175a 12.

seins, also in unserer Praxis, entwickelt sich unser Selbst- und Weltverständnis. So ist auch Karl Jaspers zu verstehen, wenn er schreibt, dass Freiheit nicht erkannt und auf keine Weise objektiv gedacht werden kann:

> „Ich bin ihrer *für mich* gewiß, nicht im Denken, sondern im Existieren; nicht im Betrachten und Fragen nach ihr, sondern im Vollziehen [...]. Freiheit ist nicht absolut, sondern zugleich immer gebunden, nicht Besitz, sondern Erringen."[29]

Handeln als Freiheitsvollzug ist daher im Unterschied zu bloßem *Sich-Verhalten* nicht allein äußerlich beobachtbar. Vielmehr verweist es auf die Sinn- und Bedeutungsbezüge, in denen Menschen ihre spezifischen Erfahrungen wahrnehmen. Entscheidend ist, dass die Wahrnehmung der gemeinsamen politischen Ordnung vor allem durch eine gemeinsame Sprache vermittelt wird, die als Bindeglied zwischen den Bürgern fungiert.[30] Im Sprechen und Zuhören erkennen sich Bürgerinnen und Bürger in ihrer Eigenart und Besonderheit an, und über die Anerkennung der anderen vollzieht sich die bürgerschaftliche Selbstentfaltung der Menschen.

> „Das 'Wir' und das 'Unser' gibt es nur, wenn die Folgen verbundenen Handelns wahrgenommen werden und ein Gegenstand von Wünschen und Bestrebungen werden, genau wie das 'Ich' und 'Mein' erst auftauchen, wenn ein besonderer Anteil am wechselseitigen Handeln behauptet oder beansprucht wird."[31]

Mit John Dewey wird deutlich: Es ist nicht etwa die Summe von Einzelinteressen, wodurch sich das politisch Gemeinsame konstituiert. Und auch die bloße Addition von Einzelhandlungen bewirkt noch keinen dauerhaften Zusammenhalt. Das Politische ist ein Sinnzusammenhang und kein Funktionszusammenhang. Das politisch Gemeinsame gründet in der weltlichen Verbundenheit der politischen Akteure. Erst diese Verbundenheit stiftet den Horizont, vor dem die einzelnen Phänomene sichtbar werden und benannt werden können.

> „Sprache erzeugt etwas, das man als öffentlichen Raum bezeichnen könnte oder als gemeinsamen Ausgangspunkt, von dem aus wir zusammen die Welt betrachten."[32]

---

[29] Jaspers 1994, S. 185.
[30] Vgl. Waschkuhn 2006.
[31] Dewey 1996, S. 131.
[32] Taylor 1999b, S. 68.

Allein wer sich über Sprache mit anderen Menschen der gemeinsamen Realität versichert, ist in der Lage, die politischen Angelegenheiten kategorial zu verorten. Damit wird deutlich, dass das Ziel von Politik nicht darin bestehen kann – wie Benjamin Barber sagt –, eine gleichsam

> „natürliche Freiheit den Fängen der Politik zu entreißen, sondern innerhalb und kraft der Politik eine künstliche Freiheit einzuführen und anzustreben.“[33]

Erst das Politische eröffnet die Möglichkeit, der menschlichen Freiheit eine Verfassung zu geben, und nur unter einer Verfassung, in der Menschen sich als Bürgerinnen und Bürger begegnen, können sie ihre Freiheit vollziehen und praktisch erfahren.

> „Der eigentliche Sinn der Politik ist die Errichtung, die dauernde Befestigung, die Selbstbehauptung der *Freiheit* in einer staatlichen Gestalt.“[34]

Politische Freiheit ist weder von Natur aus gegeben noch wird sie von wohlgesinnten Regierenden vergeben. Freiheit stellt sich als das eigentliche Wunder des Zivilisationsprozesses dar, und jede politische Ordnung, die der Freiheit dient, muss immer wieder erst durch gemeinsame Anstrengung errungen werden. Daher gilt, was Jürgen Gebhardt zu bedenken gibt:

> „Republik [...] ist mehr als nur das Organisationsprinzip des Institutionenkomplexes öffentlicher Herrschaft oder des Staates als Inhaber des Monopols legitimer physischer Gewaltsamkeit, sie ist eine Lebensform der Gesellschaft, sie umfaßt die Gesamtexistenz des Menschen in Gesellschaft.“[35]

4. Politische Theorie als Praxis

Für die Bewältigung dieser anspruchsvollen Aufgabe, nämlich zur Erhellung und damit auch zur Festigung eines freiheitlichen Selbstverständnisses beizutragen, ist es unverzichtbar, eine praktisch orientierte Politische Theorie zu Rate zu ziehen.[36] Sie hat die Aufgabe, unserem Selbst- und Weltverständnis, das unserem Tätigsein immer voraus liegt, die Stimme zurückzugeben. Politische Theorie sollte transparent machen und erhellen, was unserer Praxis meist unausgesprochen zugrunde liegt. Und im besten Falle sollte eine auf die Praxis bezogene Politische Theorie auswei-

---

[33] Barber 1994, S. 209.

[34] Jaspers 1966, S. 206.

[35] Gebhardt 1990, S. 311.

[36] Vgl. Breier/Gantschow 2006.

sen können, worin das gemeinsame Fundament einer Freiheitsordnung besteht.

> „Ohne die Kenntnis und Übung im Studium der großen politischen Denker bleibt der eigene Horizont eng. Um die Weite in der gegenwärtigen Weltsituation zu erfassen als etwas in der Tat Neues, das unser aller Schicksal wird, ist die Weite des überlieferten politischen Denkens, wie es in den wenigen politischen Denkern sich zeigt, unerläßlich."[37]

Karl Jaspers spricht von der „Weite des überlieferten politischen Denkens", und ebenso wie Jaspers macht Eric Voegelin in seiner *Neuen Wissenschaft der Politik* sehr treffend darauf aufmerksam, dass eine „Schrumpfung der politischen Wissenschaft zu einer bloßen Beschreibung und Verteidigung der jeweils bestehenden Institutionen"[38] vermieden werden muss. Die Gegenstände unserer Politischen Wissenschaft sind demnach nicht allein die Geschehnisse der tagesaktuellen Politik, sondern es sind ebenso die Verstehensmuster, die es uns allererst erlauben, die Vielfalt der Phänomene einer Beurteilung zugänglich zu machen. In seiner Schrift *Die Idee der Universität* bringt dies Karl Jaspers auf den Punkt:

> „Nach dem Examen wird schnell vergessen. Dann entscheidet nicht der Besitz an Gelerntem, sondern die Urteilskraft. Nicht das Wissen hilft, sondern [...] die Fähigkeit, die Dinge denkend unter Gesichtspunkten aufzufassen."[39]

Wer das Politische verstehen will, so können wir Jaspers deuten, muss sich die Welt der Phänomene als eine kategorial geordnete zu Bewusstsein bringen, und daher ist es die Aufgabe der Politischen Wissenschaft, zur Erhellung der Ordnungskategorien beizutragen. Hannah Arendt weist uns darauf hin, dass Menschen, die sich darum bemühen, etwas von der Welt, in der sie leben, zu verstehen, sich heimisch fühlen in der Welt.

> „Das Verstehen nämlich ist – im Unterschied zur fehlerfreien Information und dem wissenschaftlichen Wissen – ein komplizierter Prozeß, der niemals zu eindeutigen Ergebnissen führt. Es ist eine nicht endende Tätigkeit, durch die wir Wirklichkeit, in ständigem Abwandeln und Verändern, begreifen und uns mit ihr versöhnen, das heißt, durch die wir versuchen, in der Welt zu Hause zu sein."[40]

Wer sich heimisch in der Welt fühlt und sich stark mit ihr verbunden weiß, dürfte sich sicherlich mehr um die Qualität und den Zustand seiner

---

[37] Jaspers 1966, S. 207.
[38] Voegelin 1991, S. 20.
[39] Jaspers 1961, S. 70.
[40] Arendt 1994, S. 110.

zur Heimat gewordenen Welt kümmern als Menschen, denen dieser Zugang zur gemeinsamen Welt fehlt. Als Bürger, die ganz bewusst darauf achten, in welcher Verfassung sich ihre Welt befindet, können weltverhaftete Menschen viel entschiedener jedem Anflug von Ideologie begegnen als Menschen, die weltverloren vor sich hin existieren.

Vor diesem Hintergrund ist es die Aufgabe einer weltbezogenen Politischen Theorie, unterschiedliche Stränge des Politischen wahrzunehmen und zu benennen. Immerhin, das Politische ist kein Sachverhalt, den wir vergegenständlichen können. Als „Gegenstand“ erscheint die soziale Realität nur, indem wir Menschen sie als einen gemeinsam geteilten Daseinszusammenhang wahrnehmen. Aus phänomenologisch-hermeneutischer Sicht gibt Hans-Georg Gadamer zu bedenken, dass das Verstehen zur Wahrheit menschlicher Existenz gehört und dass die Vielfalt von Vorverständnissen und Verstehensweisen sich weder in eine Hierarchie zwingen noch unter ein eindeutiges Richtigkeitsideal subsumieren lässt. Das Mehr- und Vieldeutige gehört zur Eigenart humaner Existenz, und selbst mit der *einen* menschlichen Vernunft lassen sich viele, viele vernünftige Wege zum Gelingen menschlichen Daseins beschreiten. Wer sich von daher allein auf einen einzigen Königsweg kapriziert, läuft Gefahr – wie Paul Ricœur es nennt – in dieser „Unifizierung des Wahren“[41] alle anderen Wege menschlicher Selbst- und Weltauslegung zu ignorieren.

Doch trotz dieser menschlichen Bedingtheit, eben keinen archimedischen Standpunkt einnehmen zu können,[42] ist es uns möglich, Einsichten in unsere menschliche Situiertheit zu gewinnen.

> „Horizont gewinnen meint immer, daß man über das Nahe und Allzunahe hinaussehen lernt, nicht um von ihm wegzusehen, sondern um es in einem größeren Ganzen und in richtigeren Maßen besser zu sehen.“[43]

Hans-Georg Gadamer spricht die Zugehörigkeit des Interpreten zur Überlieferung an und er weist darauf hin, dass dem Verstehen selbst ein Moment des Geschehens innewohnt. Wenn das Verstehen ein Geschehen ist, so ist man nicht Herr über das Verstehen. Denn niemand hat das Ende des Verstehens verfügend im Griff. Wer demgegenüber – einem Architekten gleich – Politische Theorie als Denkgebäude entwirft, verfolgt eine systematische Zugangsweise, in der jedes Phänomen seinen theoretisch festgelegten Ort erhält. In seinem Buch *Der Spiegel der Natur* beschreibt Richard Rorty diesen systematischen Zugang näher:

---

41 Ricœur 1974, S. 152.
42 Vgl. Breier 2007, S. 12 ff.
43 Gadamer 1990, S. 310.

> „Große systematische Philosophen sind konstruktiv und liefern Argumente. [...] Große systematische Philosophen bauen wie große Wissenschaftler für die Ewigkeit. [...] Systematische Philosophen möchten ihr Fach auf den sicheren Pfad einer Wissenschaft führen."[44]

In seiner anschaulichen Beschreibung charakterisiert der amerikanische Denker das Anliegen der Erkenntnistheoretiker, die alle Gründe und Argumente auf ihren erkenntnistheoretischen Status zurückführen. Diese Gründe sind aller politischen Praxis vorgängig, und in der Tat kann man ganz pragmatisch von *Philosophy Against Practice*[45] sprechen. Denn die Maßstäbe, die an das Politische herangetragen werden, werden außerhalb des Politischen gewonnen. Im Gegensatz zu den *systematischen* Philosophen gewinnen die *bildenden* Philosophen das Maß des Politischen aus dem Politischen selbst:

> „Bildende Philosophen wollen dem Staunen seinen Platz erhalten wissen [...] dem Staunen, daß es etwas Neues unter der Sonne gibt, etwas, das nicht im genauen Darstellen des schon Vorhandenen aufgeht, etwas, das (zumindest im Augenblick) nicht zu erklären und kaum zu beschreiben ist."[46]

Bildende Philosophen in diesem Verständnis halten sich für das Neue offen und sie verzichten darauf, alle Phänomene in den Schraubstock vorgängiger Systematik zu zwingen. Eine solche „philosophy as practice"[47], die das Verstehen als ein Geschehen auffasst, betreibt keine praxisferne Metaphysik. Als Bildungsgang versucht sie, den Horizont zu erweitern und damit die Möglichkeiten humanen Selbstseins zu benennen. Indem die Ideen humaner Selbstauslegung ihre Stimme wiedergewinnen und indem die Frageursprünglichkeit politischer Denker ins gemeinsame Gespräch einbezogen wird, erweitert sich unser Horizont.

Wer wie Arno Waschkuhn Politische Theorie als Praxis begreift, erfährt die Situiertheit menschlichen Denkens und Handelns. Er kommt nicht in die Versuchung, den archimedischen Punkt einnehmen zu wollen. Politische Theorie als Praxis ist ein Dialog. Er wirft Fragen auf und versucht Antworten zu entwickeln. So wie jede Generation aufs Neue das vermeintlich Selbstverständliche in Frage stellt und – existenziell gesehen – stellen muss, so ist es die Aufgabe von Politischer Theorie, den Fragehorizont immer wieder neu zu eröffnen. Denn da das Politische *der* Seinsbereich ist, in dem die Geschehnisse „sich so oder anders verhalten

---

44 Rorty1987, S. 400.
45 Vgl. Barber 1988a, S. 3 ff.
46 Rorty 1987, S. 400 f.
47 Vgl. Barber 1988b, S. 193 ff.

können“[48], darf nicht eine einzige Lebensart menschlichen Seins dominieren – eine Einsicht, aus der Arno Waschkuhn unsere Wissenschaft betrieben hat.[49]

Eine Erinnerung an Arno Waschkuhn habe ich oft vor Augen. In Erfurt saßen wir eines Abends gemeinsam bei einem zünftigen Bier im Angermeier, und Arnos Augen leuchteten. Warum? Ich erzählte ihm davon, wie ich in den 80er Jahren in Washington war und in der *Library of Congress* Hannah Arendts Nachlass einsah. Dort las ich folgende Notiz:

“The philosophers: in love with Being (thaumadzein).
The natural scientists: in love with the Universe.
The philologist: in love with books, each good commentator is in love with the printed word.
The political scientist: in love with the world”[50].

Arno erhob sein Glas und sprach: „Auf amor mundi.“

Literatur

Arendt, A. (1994), Verstehen und Politik, in: dies.: Zwischen Vergangenheit und Zukunft. Übungen im politischen Denken I, hrsg. von U. Ludz, München.

Arendt, H. (1963), Über die Revolution, München.

Arendt, H. (unveröff.), Political Theory: Notes, Library of Congress, Arendt Papers, Box 39.

Aristoteles (2006), Nikomachische Ethik, übers. und hrsg. von U. Wolf, Reinbek.

Aristoteles (1986) Politik, übers. und hrsg. von O. Gigon, 7. Aufl., München.

Barber, B. (1988a), The Conquest of Politics: Philosophy Against Practice, in: ders.: The Conquest of Politics. Liberal philosophy in Democratic Times, Princeton.

Barber, B. (1988b), Political Judgement: Philosophy as Practice, in: ders.: The Conquest of Politics, Liberal philosophy in Democratic Times, Princeton.

Barber, B. (1994), Starke Demokratie. Über die Teilhabe am Politischen, Hamburg.

Berlin, I. (2000), The Power of Ideas, hrsg. von Henry Hardy, London.

Breier, K.-H. (2003), Leitbilder der Freiheit. Politische Bildung als Bürgerbildung, Schwalbach/Ts.

Breier, K.-H. (2005), Hannah Arendt zur Einführung, 3. Aufl. Hamburg.

---

[48] Aristoteles: Nikomachische Ethik, 1140a 23.
[49] Vgl. Waschkuhn 2001.
[50] Arendt unveröff., S. 4.

Breier, K.-H. (2007), Hannah Arendt interkulturell gelesen, Nordhausen.

Breier, K.-H. / Gantschow, A. (2006), Einführung in die Politische Theorie, Berlin.

Dewey, J. (1996), Die Öffentlichkeit und ihre Probleme, hrsg. von Hans-Peter Krüger, Bodenheim.

Gadamer, H.-G. (1990), Wahrheit und Methode. Grundzüge einer philosophischen Hermeneutik, 6. Aufl. Tübingen.

Gebhardt, J. (1990), Selbstregulierung und republikanische Ordnung in der politischen Wissenschaft der *Federalist Papers*, in: Göhler, G. et al. (Hg.), Politische Institutionen im gesellschaftlichen Umbruch, Opladen.

Jaspers, K. (1961), Die Idee der Universität, Berlin/Göttingen/Heidelberg.

Jaspers, K. (1966), Wohin treibt die Bundesrepublik? Tatsachen, Gefahren, Chancen, München.

Jaspers, K. (1981), Was ist Erziehung? Ein Lesebuch, München.

Jaspers, K. (1983), Wahrheit und Bewährung, München.

Jaspers, K. (1994), Philosophie II. Existenzerhellung, München.

Landshut, S. (2004), Politik als Wissenschaft – Grundbegriffe der Politik, in: ders.: Politik. Grundbegriffe und Analysen, Bd. I, hrsg. von R. Nicolaysen, Berlin.

Machiavelli, N. (1977), Discorsi. Gedanken über Politik und Staatsführung, übers. und hrsg. von Rudolf Zorn, 2. Aufl. Stuttgart.

Montesquieu, Ch. (1992) [1748], Vom Geist der Gesetze, übers. u. hrsg. von Ernst Forsthoff, 1. Bd., Tübingen.

Ricœur, P. (1974), Geschichte und Wahrheit, München.

Rorty, R. (1987), Der Spiegel der Natur. Eine Kritik der Philosophie, Frankfurt/Main.

Savater, F. (1994), Sei kein Idiot. Politik für die Erwachsenen von morgen, Frankfurt am Main/New York.

Sternberger, D. (1967), Herrschaft und Vereinbarung. Über bürgerliche Legitimität, in: ders.: „Ich wünschte ein Bürger zu sein". Neun Versuche über den Staat, Frankfurt/Main.

Taylor, Ch. (1975), Interpretation und die Wissenschaften vom Menschen, in: ders.: Erklärung und Interpretation in den Wissenschaften vom Menschen, Frankfurt/Main.

Taylor, Ch. (1999a), Was ist menschliches Handeln?, in: ders.: Negative Freiheit? Zur Kritik des neuzeitlichen Individualismus, 3. Aufl. Frankfurt/Main.

Taylor, Ch. (1999b), Bedeutungstheorien, in: ders.: Negative Freiheit? Zur Kritik des neuzeitlichen Individualismus, 3. Aufl. Frankfurt/Main.

Taylor, Ch. (2002a), Humanismus und moderne Identität, in: ders.: Wieviel Gemeinschaft braucht die Demokratie? Aufsätze zur politischen Philosophie, Frankfurt/Main.

Taylor, Ch. (2002b), Ursprünge des neuzeitlichen Selbst, in: ders.: Wieviel Gemeinschaft braucht die Demokratie? Aufsätze zur politischen Philosophie, Frankfurt/Main.

Voegelin, E. (1991), Die Neue Wissenschaft der Politik. Eine Einführung, 4. Aufl, Freiburg/München.

Vollrath, E. (1996), Revolution und Konstitution als republikanische Grundmotive bei Hannah Arendt, in: Baule, B. (Hg.), Hannah Arendt und die Berliner Republik. Fragen an das vereinigte Deutschland, Berlin.

Vollrath, E. (2003), Was ist das Politische? Eine Theorie des Politischen und seiner Wahrnehmung, Würzburg.

Waschkuhn, A. (2001), Pragmatismus. Sozialphilosophische und erkenntnistheoretische Reflexionen zu den Grundelementen einer interaktiven Demokratie, München.

Waschkuhn, A. (2006), Denationalisierung und zivile Tugenden. Liberaler Republikanismus und normativer Individualismus in der Hochmoderne, Baden-Baden.

Anschlussfähigkeit. Zur Bestimmung politikwissenschaftlichen Denkens

Alexander Thumfart

Die Politikwissenschaft ist wie alle Sozialwissenschaften eine besondere Disziplin. Das Besondere der Disziplin liegt dabei primär nicht im Gegenstandsbereich der Politikwissenschaft. Politik – das politische Handeln als Gegenstand der akademischen Disziplin Politikwissenschaft – unterscheidet sich hinsichtlich der Besonderheit nämlich nicht von – sagen wir – Kugelsternhaufen, mit denen sich die Astronomie befasst. Kugelsternhaufen und politisches Handeln sind nicht eo ipso etwas Besonderes oder gar etwas ganz Besonderes. Kugelsternhaufen und Politik sind zunächst schlicht und ergreifend nur zwei sehr unterschiedliche Forschungsgegenstände.

Über den Gegenstandsbereich (von Disziplinen) bekommen wir also nur heraus, dass sich die Disziplinen deutlich unterscheiden, dass sie different sind. Das überrascht uns wenig, nehme ich an, bringt aber auch nur einen sehr begrenzten Erkenntnisgewinn. Liegt die Ursache der Besonderheit der Sozialwissenschaften mithin nicht (primär) im Objektbereich begründet, liegt es nahe, das Spezielle und Eigenartige dieser Disziplinen in der Methode einerseits und in der Verbindung zwischen Forschungsgegenstand und (methodisch vorgehender) Wissenschaft andererseits zu suchen. Die sozialwissenschaftliche Methode und das Verhältnis zwischen Forscherin, Forschung und Erforschtem scheinen gute Kandidaten dafür zu sein, das Spezifische und Spezielle der Sozialwissenschaft zu begründen und zu erklären.[1]

Das ist nun weder eine neue Vermutung noch eine neue Erkenntnis. Ganz im Gegenteil. Bereits einer der beiden Gründungsväter der Politikwissenschaft, Aristoteles, bemerkt gleich zu Beginn seiner großen Schrift „Politika" (Die politischen Dinge), entstanden um 334 vor Christus. „Die beste Methode dürfte hier (...) sein, dass man die Gegenstände verfolgt, wie sie sich von Anfang an entwickeln."[2] Der methodische Zugriff und die Art und Weise, wie diese methodische Verbindung und „Verfolgung" des Gegenstandes mit dem „Jäger" und Forscher geschieht,

---

[1] Siehe dazu etwa Hollis 1995, 291–336.

[2] Aristoteles 1984, 47 (Politik, 1252a 24–26).

sind – so legt es Aristoteles nahe – die zwei Modi oder Momente, die der Politikwissenschaft ihren besonderen Charakter verleihen.

Nun wäre es vermessen, hier behaupten zu wollen, ich möchte dieser Intuition und Intention des Aristoteles folgen. Es wäre allein schon deshalb vermessen, weil diese Vermutung und Erkenntnis in gewisser Weise „state of the art" der Politikwissenschaft und der Sozialwissenschaften insgesamt darstellt. So würden also nicht nur „Eulen ins aristotelische Athen" getragen (zweifellos an sich schon eine Frechheit), sondern darüber hinaus würde eine Geschichte als neu verkauft werden, die schon hundertmal erzählt und bekannt gemacht worden ist.[3]

So werde auch ich eher bei den – in diesem Sinne – alten und bekannten Geschichten bleiben. Das wird dann leider auch, so fürchte ich, etwas unspektakulär sein. Gleichzeitig jedoch soll diesen fachdisziplinären Selbstreflexionen und Selbstbestimmungen ein Element hinzugefügt werden, von dem ich glaube, dass es neu und hoffentlich erhellend und weiterführend ist. Folglich wird der vielleicht größere Teil dieses Textes Ausführungen zur disziplinären Besonderheit der Politikwissenschaft präsentieren, die ganz bestimmt keinen Anspruch auf Originalität erheben. An methodisch und inhaltlich entscheidenden Stellen werde ich dann allerdings jeweils ein paar Anmerkungen zur „Anschlussfähigkeit" vorbringen.

Gleich hier sei jedoch schon vermerkt, dass ich nicht nur zur Methodik und zur Verbindung zwischen Forscherin und Gegenstand reden werde. Es wird auch über die Politik selber etwas zu sagen sein. Ich werde in drei (immer kürzer werdenden) Schritten vorgehen, die recht spartanisch betitelt sind. Der erste Schritt befasst sich mit dem „Methodenpluralismus", der zweite thematisiert die „Heterogenität der Politik" und der dritte Schritt das „Publikum".

1. Methodenpluralismus

Die Politikwissenschaft als Sozialwissenschaft hat es mit einem speziellen Bereich des sozialen Handelns zu tun, mit dem politischen Handeln. Dieses politische Handeln lässt sich beschreiben als jenes Handeln, das auf

---

[3] Das heißt natürlich nicht, dass es einen Konsens darüber gäbe, wie diese methodische Verbindung für alle Forscherinnen und Forscher auszusehen hat. Der Methodenpluralismus und -dissens ist ganz im Gegenteil wesentlicher Bestandteil politikwissenschaftlichen Selbstverständnisses – wovon gleich; siehe dazu etwa Pappi 2003. Man könnte also lediglich sagen, dass hier etwa das Genre „Räubergeschichte" erzählt wird und nicht „Romanzen", und müsste sofort hinzufügen, dass natürlich ganz viele verschiedene Räubergeschichten berichtet werden.

die Herstellung und Durchsetzung allgemein verbindlicher Entscheidungen zur Lösung öffentlicher Probleme abzielt. Hinzufügen kann (und sollte) man, dass in diesen Entscheidungsfindungsprozessen und der Durchsetzung allgemeiner Konsens nicht vorausgesetzt und angezielt wird. Sind im Gegenteil Dissens und Widerspruch eingebaut, kommt politisches Handeln nie an ein Ende, sondern ist im Gegenteil immer dynamisch, offen und unabschließbar. So bemerkt Niklas Luhmann – wie immer lakonisch und – unter Einbeziehung des Machtaspekts: „Vielmehr dient das Aufeinanderverwiesensein von gezeigter Drohmacht und Konsens bzw. Dissens als im System selbst erzeugte Ungewissheit; oder in anderen Worten: als die Zukunft des Systems."[4]

Politisches Handeln ist nun wie jedes soziale Handeln auf ganz unterschiedliche Weisen bestimmt, geregelt, geordnet und strukturiert.[5] So bezieht sich jedes soziale Handeln auf mehr oder weniger spezifische Normen, auf mehr oder weniger allgemeine Werte und auf mehr oder weniger deutlich konturierte Weltanschauungen – und wird in diesem Bezug auf Normen, Werte und Weltanschauungen ausgerichtet und insofern geprägt. Hinzu kommen natürlich noch spezielle Interessen, die das Handeln leiten bzw. die durch dieses Handeln verfolgt und verwirklicht werden sollen.

Soziales, politisches Handeln findet weiterhin nicht in Isolation und Einsamkeit statt, sondern ist ein Handeln, das sich auf die Handlungen anderer Menschen bezieht. Robinson handelt also erst in dem Moment sozial, in dem er auf Freitag trifft, et vice versa. Soziales Handel ist deshalb immer intersubjektives Reziprozitätshandeln, in dem ego und alter gezwungen sind, ohne gewisses Wissen über die jeweiligen Fremdpsychen ihre Handlungen und Handlungserwartungen wechselseitig zu koordinieren. Aus diesem Grund ist, um den Titel der Antrittsvorlesung von Hartmut Esser zu bemühen, jeder Doppelpass im Fußball ein soziales System, sie können auch sagen: ein auf Sinn bezogenes Interagieren.[6] Wie wir aber auch alle wissen, können Doppelpässe kläglich scheitern, wie mithin jedes soziale Handeln immer entsetzlich daneben gehen kann, also insgesamt riskant ist.

Scheitern oder misslingen Interaktionen, werden unter relativ normalen Bedingungen Versuche der Heilung bzw. Reparatur dringend nötig. In aller Regel beziehen sich die Akteure dazu auf eben jene Werte, Nor-

---

[4] Luhmann 2000, 67.

[5] So es für das Folgende eines Verweises bedarf, siehe etwa Patzelt 2001, 21–28; Berger/Luckmann 1987; Weber 1988b.

[6] Siehe Esser 1991.

men, Usancen, die – banal genug intersubjektiv oder kollektiv geteilte Werte, Normen, Usancen, Weltanschauungen sind. Soziales, also auch politisches Handel ist deshalb immer kollektiv geprägtes, intersubjektiv bestimmtes und gesellschaftlich imprägniertes Handeln. Personaler Sinn ist immer kollektiv vorstrukturierter, habitualisierter Sinn. Das geht, wie Pierre Bourdieu so eindringlich gezeigt hat, bis in die scheinbar privatesten Bereiche: den Geschmack. Die feinen Unterschiede, die individuellen Geschmäcker und Urteile sind eben gesellschaftliche Produkte und unterliegen den Bedingungen von relational bestimmten sozialen Distinktionsdynamiken.[7]

Schließlich und endlich unterliegt soziales Handeln institutionellen Vorgaben, Leitideen, allgemeinen Routinen, organisationalen Rationalitäten sowie spezifischen vorgefertigten Rollenmustern und standardisierten Rollenlogiken. Seien das Parlamente, Parteien oder Arenen internationaler Politik.[8] So reden z. B. bereits nach kurzer Amtszeit alle Außenministerinnen und Außenminister sehr ähnlich.

Ein dermaßen durch verschiedene Faktoren und Dimensionen strukturiertes aber nie determiniertes und deshalb immer veränderliches wie kontingentes politisches Handeln hat die Politikwissenschaft als Forschungsgegenstand.[9] Nun ist aber Forschung selber nichts anderes als eine Form des sozialen Handelns. Daraus folgt nicht nur, dass sozialwissenschaftliche Forschung eine Form der Selbstbeobachtung der Gesellschaft ist, um nochmals Niklas Luhmann zu zitieren.[10] Daraus folgt auch, dass Forschung und Erforschtes, Beobachter und Beobachtetes gewisse Dinge gemeinsam haben und miteinander teilen.

Das was, wenn Sie so wollen, Subjekt und Objekt gemeinsam haben, mag natürlich jeweils variieren. Beobachter und Beobachtetes mögen

---

[7] Siehe Bourdieu 1988, speziell 275–301; siehe auch Bourdieu 1987, 100–120.

[8] Siehe mit weiteren Verweisen die interdisziplinären Sammelbände Göhler/Lenk/Schmalz-Bruns 1990; Göhler1994; Lepsius 1990.

[9] Natürlich wusste das Aristoteles ebenfalls. Politik, d.h. Beratung und Entscheidung über die Angelegenheiten aller, hat es als höchste Form des menschlichen Handelns mit dem „Anders-Sein-Können" als dem „Anders-Handeln-Können" zu tun: „Darum muss notwendig das Enthymem und das Beispiel auf Dinge angewandt werden, die – allgemein gesprochen – sich auch anders verhalten können (...); menschliches Handeln nämlich, was Gegenstand der Beratung und der Erwägung ist, ist generell von solcher Art und nichts davon sozusagen aus Notwendigkeit". Weil dem so ist, kann politisches Wissen auch nur „wahrscheinlich" sein; Aristoteles 1995, 16–17 (Rhetorik 1357a).

[10] Siehe Luhmann 2002.

etwa eine gemeinsame Sprache sprechen (oder nicht), sie mögen gewisse (säkulare/religiöse) Werte teilen (andere jedoch nicht), gewisse Normen, Erwartungserwartungen, Usancen und vielleicht auch gewisse Weltanschauungen gemein haben. Zudem mögen beide in übergeordneten Institutionen umfasst sein, etwa indem sie RechtsgenossInnen desselben Staates und SteuerzahlerInnen sind. Natürlich darf man umgekehrt auch nicht vergessen, dass selbstverständlich die (unzutreffend so genannten) „Objekte" sich selbst auch beobachten, etwa in Form von Alltagstheorien, Stammtischthesen und common sense-Annahmen, also selber bis zu einem gewissen Grade schon „Forscher" sind. Manchmal verwenden die sozialwissenschaftlich zu Erforschenden zur Selbstbeschreibung auch selbst (bereits) die Terminologie der Sozialwissenschaften. Man denke hier etwa an die Becksche „Risiko-Gesellschaft" oder die Schulzesche „Erlebnisgesellschaft", die zumindest als Schlagwort in diversen gesellschaftlichen Arenen zirkuliert.

Mag dem im Detail auch sein, wie es will, all das bestätigt nur die grundsätzliche Struktur der Überlappung bzw. Verschränkung und Verbindung von sozialwissenschaftlich forschendem Beobachten und gesellschaftlich beobachtetem sozialem Handeln. Andersherum formuliert, heißt das: sozialwissenschaftliche Forschung vermag der Einbindung in gewisse (mentale, habituelle, praktische) Gemeinsamkeiten mit dem Forschungsobjekt nie zu entkommen.[11]

Dadurch unterscheidet sich die sozialwissenschaftliche Forschung sehr klar und deutlich von der naturwissenschaftlichen Forschung. Ein Astronom, der Kugelsternhaufen untersucht, teilt mit seinem Forschungsobjekt außer gewissen Atomen und Molekülen ganz offensichtlich nichts.[12]

Daraus ergibt sich auch, dass die Forderung nach sozialwissenschaftlicher Objektivität nicht nur ein Ideal, sondern im Grunde ein sachlich

---

[11] Darauf hat nochmals Searle 1997, 137–157 verwiesen. Bekannt ist diese Überlappung unter der Überschrift des „Werturteilstreites". Ohne hier die Literatur von Max Weber bis (mindestens) Hans Albert zitieren zu wollen, siehe den so knappen wie präzisen Überblick bei Ritsert 1996, 23–67.

[12] Wiederum heißt das nicht, dass Astronomie etwas wäre, das nicht selber konstruiert und historisch dependent sei. Nicht nur Hans Blumenberg (1966) hat gezeigt, wie sich die neuzeitliche Astronomie tief eingebettet in epistemologische Auseinandersetzungen entwickelt und konstituiert hat. Zudem haben die Studien von Bruno Latour (2000) deutlich gemacht, wie vermeintlich überhistorisches naturwissenschaftliches Wissen in spezifischen Kontexten gemacht und Erkenntnis erfunden wird. Es geht uns hier also nicht um die Konstruiertheit des Wissens, sondern um die enge inhaltliche Verbundenheit von Beobachter und Beobachtetem.

völlig unangemessener Maßstab ist. So es denn überhaupt Objektivität gibt – im Sinne einer weitestgehenden Trennung von Forscher und Erforschtem –[13], kann sie allein schon rein methodologisch kein Kriterium zur Bewertung sozialwissenschaftlicher Erkenntnis abgeben. An dieser Stelle darf ein Rekurs auf Max Weber nicht fehlen, der 1904 bemerkte, dass es „keine schlechthin >objektive< wissenschaftliche Analyse (...) der ‚sozialen Erscheinungen' (gibt) unabhängig von speziellen und ‚einseitigen' Gesichtspunkten, nach denen sie – ausdrücklich oder stillschweigend, bewusst oder unbewusst – als Forschungsobjekt ausgewählt, analysiert und darstellend gegliedert werden".[14] Ausgesprochen elegant bemerkt der Konstruktivist und Wissenschaftstheoretiker Heinz von Förster dazu ganz ähnlich: „Objektivität ist die Wahnvorstellung, Beobachtungen könnten ohne Beobachter gemacht werden."[15]

Natürlich sind Sozialwissenschaften deshalb nicht subjektiv und willkürlich nach Gusto. Sehr viel komplexer und raffinierter als diese simple Objektivität-Subjektivität-Dichotomie sind SozialwissenschaftlerInnen ganz im Gegenteil Artisten (wenn nicht gar MeisterInnen) der Distanzierung. Zu dieser Distanznahme verhilft den Sozialwissenschaften vor allem ein reiches Set an methodischen Instrumenten, mit dessen Hilfe sie ihr „Objekt" betrachten, konstruieren, analysieren und damit distanziert untersuchen können. Distanz ist nämlich nicht nur, wie Michael Walzer ganz zu Recht gemeint hat, eine Frage von Zentimetern. Distanz ist auch eine Frage der Polyperspektivität. Je vielfältiger, unterschiedlicher und facettierter ein Gegenstand betrachtet und natürlich methodisch auch konstruiert wird, desto schwerer fällt es, einsinnige Ansichten darüber zu fällen, zu postulieren und zu rechtfertigen. Die Vorstellungen „Objektivität und/versus Subjektivität" werden folglich durch „Differenz und Polyzentrismus" ersetzt.

Ohne auch nur im Geringsten auf Vollständigkeit abzuzielen, sollen die häufigsten Methoden zumindest genannt werden, ohne näher auf sie einzugehen.[16] So zählen etwa zur empirischen Sozialforschung solche Dinge wie Befragung, Beobachtung, Experiment, Inhaltsanalyse, Soziometrie, Gruppendiskussion, Sekundäranalysen. Dahinter verbergen sich

---

[13] Siehe dazu die beeindruckende Studie von Daston und Galison zur historischen Konstruktion von Objektivität; Daston/Galison 2007, Speziell 18–37.

[14] Weber 1988, 170. Selbstverständlich hätte man auch Karl Mannheim (1978) und Hermann Heller (1992, 126–150) zitieren bzw. anführen können.

[15] Förster/Pörksen 1998, 115.

[16] Es genügt ein auch nur kurzer Blick in den Band 2 des „Lexikon der Politik", überschrieben „Politikwissenschaftliche Methoden", um einen Eindruck von der Methodenvielfalt zu bekommen; Kriz/Nohlen/Schultze 1994.

standardisierte, nicht standardisierte, offene Fragebögen, statistische Methoden unterschiedlichster Couleur, teilnehmende Beobachtung, Hermeneutik in unterschiedlichsten Medien (Schrift, Ton, Bild, Archiv), Kontrollmessungen. Hinzu kommen als eher eigenständige Theoriemodelle und -schulen spieltheoretische Ansätze, rational-choice-Theorien, systemtheoretische Zugänge, Steuerungs- und Institutionentheorien, vergleichende Methoden und natürlich die klassischen Theorien der Inhaltsanalyse und historischen Konstellationsforschung. Einige dieser Meso- und Makrotheorien dienen als heuristische Rahmen für empirische Forschungen, andere sind Rekonstruktionsparameter für ideengeschichtliche Archäologien und Tiefenbohrungen, von deren Vielfalt und Differenz hier gar nicht erst die Rede sein soll. Gerade der sozialwissenschaftliche, politikwissenschaftliche Methodenpluralismus erreicht und gewährleistet also wissenschaftliche Distanz und wissenschaftliche, intersubjektiv überprüfbare Erkenntnis. Diese wird zwar nie dem Raum der Gesellschaft entkommen, wohin auch? Aber sie wird binnengesellschaftlich genügend Abstand gewinnen, um jeglicher Affirmation zu entkommen.

Es gibt daher keinerlei Grund, sich der Pluralität der Methoden zu schämen. Deshalb braucht man auch nicht, wie das in einigen Handwörterbüchern der Politikwissenschaft der Fall ist, die Vielfalt der Zugänge zur Politik rechtfertigen, so als hätte man ein schlechtes Gewissen, nicht über ein oder bestenfalls zwei disziplinär geteilte Wege zu verfügen und fürchte deshalb, einem imaginierten Standard von „Wissenschaftlichkeit" nicht zu genügen. Ganz im Gegenteil liegt in der Vielfalt der Betrachtungsweisen sowohl die wissenschaftliche Kompetenz als auch die Eigenart der Politikwissenschaft. Die Antwort auf die Frage nach der Besonderheit der Sozial- und Politikwissenschaft heißt mit Blick auf die Methode deshalb schlicht: Pluralismus, Differenz, Polyperspektivität. Rainer-Olaf Schultze hat das so formuliert: „Kennzeichen der Politikwissenschaft ist also die Vielfalt: die Vielfalt der Themen und Forschungsprogramme ebenso wie die Pluralität der erkenntnisleitenden Interessen, Theorien und Methoden".[17]

Angesichts dieser Bandbreite von Möglichkeiten einerseits und der Last, die die Methodenvielfalt wissenschaftstheoretisch zu tragen hat, beschleicht einen gleichwohl ein etwas merkwürdiges Gefühl, das sich vielleicht in dem Terminus der Beliebigkeit oder gar Wirrnis treffend einfangen lässt. Und in der Tat hat die so genannte, oder vielleicht besser: so verstandene Postmoderne innerhalb der Politikwissenschaft heftige Debatten ausgelöst um die Frage nach der Kohärenz von Theorien und Me-

---

[17] Schultze 1994, 114.

thoden, der Ethik der Politik wie dem Zusammenhalt des Faches. Dietmar Wetzel hat das jüngst eindrücklich dokumentiert.[18] Das dürfte nach dem bisher Gesagten nicht ganz verwunderlich sein, hat aber gerade politikwissenschaftlich eine ganz besondere Pointe. Denn obzwar die Debatten um die Postmoderne bereits in den 60er Jahren auf dem Feld der Architektur geführt wurden, hat doch *ein* Text die Auseinandersetzungen in nahezu alle Bereiche des wissenschaftlichen und alltäglichen Lebens hineingetragen: Jean-François Lyotards Essay: La condition postmoderne von 1979, übersetzt als: Das postmoderne Wissen (von 1986).[19]

Sowohl Anlass wie auch Inhalt von Lyotards Essay sind oder waren ausgesprochen politisch. Im Rahmen eines Berichts an den Universitätsrat der Regierung von Quebec legt sich der linke Intellektuelle Lyotard selber Rechenschaft ab über seine Welthaltung und die damit gegebene epistemologische Struktur und rechnet in eins ab mit den großen Erzählungen insgesamt. Den Vorwurf, den Lyotard an die großen Erzählungen (Marxismus, Liberalismus, Modernisierung, Konservatismus, Kapitalismus etc.) adressiert, ist der, dass sie immer schon wissen, wie es weiter geht. Pausen, Brüche, Zufälle, Unterbrechungen, Sprünge, Einzelheiten – kurz Offenheiten – im sozialen, politischen und intellektuellen Feld werden gar nicht zugelassen, wahrgenommen oder als möglich konzipiert, bzw. werden als Abweichungen, Marginalien und zum Teil auch revanchistische Störungen interpretiert. Aufgrund dieser Gewaltsamkeit der Zurichtung, der ideologischen Blindheit und Rohheit wie der vereinfachenden Voreingenommenheit und der Unfähigkeit mit Kontingenzen und der Unvorhersehbarkeiten menschlichen Agierens umgehen zu können, weist Lyotard die großen Erzählungen zurück.

Die Antwort auf die Verabschiedung der Großen Erzählungen ist nun nicht die „fröhliche Wissenschaft" oder die „fröhliche Beliebigkeit" des anything goes. Die Antwort auf die Offenheit und unhintergehbare Überraschbarkeit ist vielmehr eine *Haltung*, hexis, eine Ethik, wenn Sie so wollen. Diese Haltung lässt sich als wache Aufmerksamkeit für und eine kritische Aufrichtigkeit gegenüber fragilen, möglichen, gewaltsamen, unsinnigen Fortsetzungen beschreiben. Sollten wir nicht sagen: *kritische Aufmerksamkeit gegenüber und für Anschlüsse*? Nicht die Beliebigkeit, sondern im Gegenteil eine Haltung der so experimentellen wie überlegten Anschlussfähigkeit erwächst also ganz selbstverständlich aus dem Ende der Großen Erzählungen und der (Wieder-)Gewinnung von Vielfalt,

[18] Wetzel 2003, 26–114.
[19] Lyotard 1986.

Sperrigkeit und Disparität.[20] Etwas pathetisch vielleicht hat jüngst Gianni Vattimo deshalb die „Liebe“ als die einzig mögliche Haltung der Post-Moderne bezeichnet, die Zuneigung und Hinwendung zur Differenz.[21]

Genau diese Vielfalt und Disparität war und ist nun aber die Situation der Politikwissenschaft mit Blick auf die Methodik. Deshalb drängt es sich förmlich auf, Anschlussfähigkeit als wissens-ethische, methodisch nahe gelegte *Haltung* zu empfehlen. Damit wird auch und gerade zur kritischen Prüfung im Einzelnen aufgefordert. Methoden lassen sich verbinden, aber nicht alle mit allen und nicht in jeder Hinsicht und umfänglich. Das ist gut so, wie es ebenfalls gut ist, wenn es keine, noch keine, nur begrenzte Anschlüsse gibt. Diese wissenschaftliche Haltung gegenüber selbst fluiden Kombinationen aus Verbindungen und Differenzen erlaubt es uns als Wissenschaftlerinnen, die soziale Wirklichkeit in ihrer hochgradigen Komplexität differenzierter, neuartiger und detaillierter zu betrachten sowohl hinsichtlich ihrer Zusammenhänge als auch hinsichtlich ihrer Brüche und Diskontinuitäten. Und umgekehrt werden wir eben jener sozialen Wirklichkeit gerechter, wenn wir ihr mit der methodischen Haltung der experimentell-kritischen Anschlussfähigkeit begegnen. Werner Patzelt konstatiert deshalb, dass ein „Politikwissenschaftler (…) gut beraten (ist), (…) das *gesamte* Methodenspektrum“ zu kennen und fallweise anwenden zu können.[22] Wenn es in der Forschung – wie Gary King und andere bemerken – also darum geht, „beschreibende und erklärende Schlussfolgerungen zu gewinnen auf der Basis empirischer Informationen über die Welt“,[23] dann ermöglichen wir durch die wissens-ethische Haltung der Anschlussfähigkeit eine (von Clifford Geertz so genannte) methodisch provozierte empirisch dichtere Beschreibung eben dieser Welt.[24]

---

[20] Siehe Lyotard 1986, 175–193 (die Auseinandersetzung mit dem so bezeichneten „terroristischen System“ Luhmanns).

[21] Siehe Vattimo 2006, 15–21.

[22] Patzelt 2001, 193.

[23] King/Keohane/Verba 1994, zitiert nach Pappi 2003, 93.

[24] Im selben Sinne vermerken Joas/Knöbl (2004, 35). „Die Tatsache, dass sich die derzeitige Theorielandschaft in den Sozialwissenschaften als verwirrend darstellt (…), heißt nicht, dass diese Theorien bzw. ihre Theoretiker nicht in eine vernünftige Auseinandersetzung miteinander eintreten können.“ Daraus ergeht dann der Rat an die Studierenden: „Wie gesagt, die unterschiedlichen Ansätze in der Soziologie haben sich wechselseitig durchaus etwas zu sagen, weswegen wir Ihnen raten wollen, im Laufe Ihres Studiums in die Kommunikation mit *unterschiedlichen* Theorie-Schulen einzutreten. Sie vermeiden dadurch Einseitigkeiten und Blindheiten, die angesichts des (…) Zusammenhangs zwischen Empirie und Theorie mit Sicherheit auch auf Ihre empirische Arbeit abfärben würden“ (ebda., 36; Hervorhebung im Original).

Doch damit bin ich bereits (und unweigerlich) in den nächsten Bereich hinüber gerutscht.

2. Heterogenität der Politik

Wie die Phänomenologie gelehrt hat, dass Erkennen immer intentional auf etwas bezogen ist, so ist auch jede Methode immer ein Verfahren der Erkenntnisgewinnung von etwas. Wenn sich die Methode – wie gezeigt – vom Gegenstandsbezug und vom Gegenstand nicht trennen lässt, dann hat umgekehrt die Verfassung des Gegenstandes Auswirkungen auf die Art des Erkennens. Genau das war es ja auch, was Aristoteles meinte, als er schrieb: „Die beste Methode dürfte hier (...) sein, dass man die *Gegenstände* verfolgt, wie sie sich von Anfang an entwickeln." Der Blick richtet sich nun also vom Wissenschaftsgegenstand her auf die Wissenschaft, allerdings ohne jene Implikationen aufzunehmen, die Aristoteles mit dem Begriff der „Entwicklung" impliziert. Auch wenn Hegel gerade diesen Satz so geliebt hat, sollten wir als (post-modern) reflektierte SozialwissenschaftlerInnen von der Vorstellung Abstand nehmen, die Wirklichkeit sei die schrittweise (methodische) Entfaltung einer Logik des Weltgeistes (oder des Kapitals oder der Gnosis oder der Apokalypse oder der Idee der polis).

Spätestens seit der Zeit der englischen Bürgerkriege und den Entwürfen von Thomas Hobbes und den Levellern kennzeichnet eine (wie immer verfasste) Politik die Eigenart, dass sie die Gesellschaft durchdringt. Andersherum formuliert, heißt das, dass in der Neuzeit prinzipiell alles politisierbar ist, Gegenstand der Politik sein und werden kann. Kannte die Antike eine fundamentale Differenz von Privatem und Öffentlichem/Politischem, und charakterisierte die Scholastik die Dichotomie von Weltlich-Politischem/Sakralem, sind mit der Moderne jene radikalen Schranken gefallen. Seit den Vertragstheoretikern einerseits und dem Absolutismus anderseits ist die Trennung von öffentlich/privat bzw. säkular/religiös keine natürliche, von der Schöpfungs-Ordnung vorgegebene, sondern selber eine politische Trennung.[25] So debattieren wir heute nicht

---

[25] So paradigmatisch wie allumfassend formuliert dies Thomas Hobbes in der 7. Schlussfolgerung aus der Schaffung des Leviathan durch Vertrag: „Mit der Souveränität ist die gesamte Zuständigkeit zum Erlaß der Regeln verbunden, aus denen jeder entnehmen kann, welche Güter er genießen und welche Handlungen er vornehmen darf, ohne von einem seiner Mit-Untertanen belästigt zu werden (...) Diese Regeln des Eigentums oder des *meum* und *teum* sowie dessen, was in den Handlungen der Untertanen *gut, böse, gesetzlich* und *ungesetzlich* ist, sind die bürgerlichen Gesetze"; Hobbes 1994, 140 (Hervorhebung im Original).

nur öffentlich darüber, ob und wie weit staatliche Politik in die Wohnung eindringen kann, darf oder soll. Wir streiten auch öffentlich heftig, ob eine Lehrerin mit Kopftuch Kinder in einer städtischen Schule unterrichten darf, kann, soll – oder nicht. All diese ehemals undenkbaren Gegenstände legitimer Politik sind in der Neuzeit zu legitimen Feldern politischen Handelns und Entscheidens geworden. Das heißt nicht, dass Religion und Intimität Gegenstand von Politik werden müssen. Es gibt aber keine vor-politische Grenze, die verhindert, dass sie es legitim werden können. Nicht einmal die Menschenrechte können davon gänzlich ausgenommen werden. Waren es nicht Ägypten und der Vatikan, die in seltener Eintracht gegen die Vorstellung polemisierten, das Menschenrecht auf körperliche Unversehrtheit schlösse selbstverständlich das Recht auf sexuelle Selbstbestimmung mit ein?

Aufgrund dieser – von Hiltrud Nassmacher so bezeichneten – potentiellen Ubiquität von Politik[26] existieren natürlich all diese Politikfelder, von der Familienpolitik, über die Sozial-, Bildungs- und Energiepolitik bis hin zur Gesundheitspolitik, Kulturpolitik und Kirche-Staat-Rechtsetzung. Und ständig kommen neue Politikfelder hinzu: Umweltpolitik und intergenerationelle Politik sowie Gen-Politik sind nur die sichtbarsten Formen dessen, was Michel Foucault (in durchaus kritischer Absicht) als Bio-Politik bezeichnet hat.[27]

Über diese schon ausgesprochen ausgreifende Differenzierung hinaus haben viele dieser Politikfelder, wenn nicht sogar alle, den nationalstaatlichen Rahmen – zumindest in Europa – bereits verlassen. Die Energiepolitik wird zum allergrößten Teil in Brüssel und Straßburg gemacht, die nationale Bildungspolitik folgt mehr oder weniger euphorisch dem europäischen Bologna-Prozess und die Rechtspolitik ist ohne die Europäische Kommission und den EuGH kaum vorstellbar. Ohne die Bedeutung des Nationalstaates in Abrede stellen zu wollen, sehen wir doch ganz deutliche De-Nationalisierungsprozesse (Zürn), in denen nationale Souveränität auf transnationale Akteure und Ebenen verlagert wird. Daraus entstehen die so genannten Mehrebenen-Systeme, in denen (im Prinzip) demokratische Politik gemacht wird, die zugleich viel komplexer und abstimmungsintensiver ist als im nationalen Kontext.[28]

Das ist nicht in allen Weltgegenden so. In vielen Regionen dieser Erde, wäre man froh, wenn man überhaupt einen Staat hätte, der den klassi-

---

[26] Naßmacher 2002, 6.

[27] Siehe Foucault 2004.

[28] Pars pro toto Czempiel 1999; Zürn 1998; Albrow 1998; Osterhammel/Petersson 2003; Creveld 1999.

schen und basalen Aufgaben von Schutz und Sicherheit von Leben und Eigentum nachkäme. Denken Sie hier etwa an den Sudan, an Kolumbien, Afghanistan, Kambodscha, den Irak und dutzende von anderen so genannten „Staaten". Und von Demokratie braucht man hier schon gar nicht zu reden – und von den mehr als 200 Kriegen seit 1945 auch nicht.[29]

Simultan zu non-states oder failed-states entstehen multinationale Kooperationsforen, heißen diese nun UN oder ASEAN oder NAPHTA oder OPEC, die mehr oder weniger intensiv, mehr oder weniger bindend und mehr oder weniger sanktionsbewehrt nationalstaatliche Politik überschreiten. Hinzu treten mehr als 11.000 non-governmental-organizations, die mittlerweile bei der UN akkreditiert sind und bei der Politikformulierung mitwirken, in der Öffentlichkeit präsent sind, über zum Teil spektakuläre Aktionen politisches Handeln nationaler Regierungen zumindest erschweren und dem Druck der globalen Öffentlichkeit aussetzen.[30] So sind, um nur ein Beispiel zu geben, allein in Kabul knapp 800 non-governmental organizations (in verschiedenen Kooperationsverbünden) präsent, vom Goethe-Institut über medicien sans frontier bis zur Drogenhilfe.

Nationalstaaten sind schon längst nicht mehr die alleinigen Akteure internationaler Politik, vielmehr hat man es mit einem Netzwerk ganz unterschiedlicher Politikgestalter zu tun, das neben Regierungen und Parlamenten, internationalen Organisationen, NGO's, Vertretern der Zivilgesellschaft und religiösen Verbänden, selbstverständlich auch große und mittlere Unternehmen umfasst und natürlich auch Organisationen wie die Mafia, die Triaden und eben Terrornetze wie al Quaida, um von den Medien und ihrem Gegenpart – den Geheimdiensten – gar nicht zu reden.[31] Macht etwa Bill Gates mittlerweile nicht eine effizientere (und finanziell besser ausgestattete) Entwicklungshilfe-Politik als die UN und Europa zusammen? Und haben dilettantische Memoranden aus den dunklen Tiefen des Pentagon nicht inzwischen mehr Einfluss als die klassische Diplomatie und Sicherheitspolitik?[32]

---

[29] Siehe dazu Schlichte 2006.

[30] Wiederum pars pro toto und mit durchaus skeptischem Blick vor allem Nuscheler 1998; jüngst Brunnengräber/Klein/Walk 2005.

[31] Die Studie von Hartmut Behr zur „entterritorialisierten Politik" enthält bezeichnender Weise auch eine Fallstudie zum „globalen Terrorismus"; siehe Behr 2004.

[32] Siehe zum letzten Punkt das exzellente Buch von Galbraith 2006, speziell 70–101.

Natürlich kann niemand diese Zunahme an Heterogenität und Akteurspluralität wirklich überschauen.[33] Und solch griffige Formulierungen wie die „Risiko-Gesellschaft" (Beck), die „Erlebnis- (Schulze)" oder die „Single-Gesellschaft", die „McDonaldisierung der Welt" (Benjamin Barber) oder die „Netzwerkgesellschaft" (Manuel Castells) oder die Beschwörung einer „Weltkultur" (John W. Meyer) machen nur umso deutlicher, dass die Welt nicht mehr auf den Begriff zu bringen ist. Gleichzeitig sehen wir jedoch, dass immer mehr Erscheinungen, Phänomene, Akteure, Politiken zusammenhängen, dass sie sich verbinden, koordinieren, abstoßen, provozieren. Karikaturen in Dänemark und Äußerungen Benedikts XVI. werden Ursache für Aufstände in Karachi und Istanbul, Wahlen im Kongo werden Ursache für einen Bundeswehreinsatz, Monsantos gen-behandelter Mais löst Aufstände in Brasilien aus, und der südamerikanische Regenwald inspiriert eine Biermarke zu einer Verkaufsaktion. Plötzlich ist es nicht mehr gänzlich unwichtig, ob in China ein Fahrrad umfällt – um einen Sponti-Spruch vom Kopf auf die Füße zu stellen.

Wir haben es also nicht nur mit einer „Gleichzeitigkeit des Ungleichzeitigen" zu tun, wie Frieder Naschhold im unübersehbaren Rekurs auf Ernst Bloch feststellt, und nicht nur mit Fernwirkungen und Interdependenzen.[34] Hinzu kommt eine permanent zunehmende polyarchische Heterogenität im politischen Feld, die zugleich die Kontingenz von Handlungskonsequenzen für jeden einzelnen Akteur potenziert. Im aktuellen Modell der „Global Governance" wird versucht, genau dies abzubilden.[35]

Eine Politikwissenschaft, die diese politischen Prozesse auch nur annähernd und in Ausschnitten erfassen und beschreiben möchte, kann meiner Meinung gar nicht anderes, als vernetzt denken, das heißt, über den subdiszipinären und den disziplinären Kontext hinauszuschauen. Das heißt etwa, dass politische TheoretikerInnen sich nicht nur mit der mehr oder weniger aktuellen Theoriendebatte zu befassen haben, um darin nach Verbindungen, Konvergenzen, Innovationen, Abbrüchen zu suchen. Das sollten sie natürlich auch tun. Aber zugleich sollten diese TheoretikerInnen sich z. B. mit den empirischen Forschungen und Beobachtungen der KollegInnen in den Internationalen Beziehungen befassen, den Ergebnissen der Forschungsdaten zur globalen Zivilgesellschaft, den Berichten

---

[33] Ersichtlich scheint mir diese Zunahme organisationeller Heterogenität eine Verlängerung wie Konsequenz der etwa von Shmuel Eisenstadt formulierten Beschreibung der „multiple modernities" zu sein; siehe Eisenstadt 2000.

[34] Zitiert nach Schultze 1994, 109.

[35] Siehe etwa Benz 2004/2006; Benz/Lütz/Schimank/Simonis 2006.

von amnesty international und transparency international sowie Organisationstheorien. Umgekehrt gilt das natürlich genauso. Warum sollten sich etwa VertreterInnen vergleichender policy-Forschung nicht mit Montesquieu auseinandersetzen oder mit Modellen republikanischer Mischverfassungen, um von Ergebnissen der politischen Soziologie nun gar nicht zu reden?

Herfried Münkler hat jüngst sehr bildhaft die Politische Ideengeschichte als „Archiv" und als „Laboratorium" bezeichnet.[36] Dem zu widersprechen, wäre nun wirklich so leichtfertig wie selbstschädigend. Jedoch, die politische Theorie hat den Charakter eines Laboratoriums nicht gepachtet. Nicht nur hier wird experimentiert und Neues entdeckt. Vielmehr haben doch alle politikwissenschaftlichen Subdisziplinen das Zeug dazu, Innovationsraum zu sein. Das aber, so bin ich überzeugt, werden sie vor allem dadurch, dass sie andere Reagenzien, andere Grundstoffe mit in ihr Labor holen – um im Bild zu bleiben. Durch den Import von außen entsteht Neues, das heißt: neue Konzepte (Kommunitarismus, global/urban governance, global justice) werden entwickelt, die uns vielleicht und nach kritischer Prüfung ein besseres Verständnis einer sich offensichtlich ja ständig verändernden politischen Wirklichkeit liefern können. Genau durch diese grenzüberschreitende ars combinatoria entspricht, korrespondiert die Politikwissenschaft selber ihrem Gegenstand und wird dessen so heterogenen politischen „Bewegungen", „Entwicklungen" gerecht oder gerechter.[37] Aber das brauche ich an der Staatswissenschaftlichen Fakultät dieser Universität nun wirklich nicht weiter auszuführen.

Für diese realitätshaltige sozialwissenschaftliche Kombinatorik ist Anschlussfähigkeit die unabdingbare Voraussetzung. Anschlussfähigkeit nun nicht nur als wissens-ethische Haltung, sondern *Anschlussfähigkeit im Sinne der Öffnung der eigenen Disziplin* oder Subdisziplin hin *zu anderen*

---

[36] Münkler 2003, 103.

[37] Es wundert vielleicht nicht, dass im Zuge der Transformationsforschung jene Kunst der Verbindung und Anschlusssuche ganz nach vorne geschoben wurde. Angesichts der Komplexität sozialer, politischer, ökonomischer und personaler Wandlungen im Gefolge des Systemzusammenbruchs forderte Wolfgang Merkel nicht nur, von der Vorstellung einer Großtheorie als angemessenem Erklärungsmodell Abstand zu nehmen. Ein Modell, hier die Modernisierungstheorie, sei viel zu unterkomplex, um die Vielfalt der Phänomene zu erkennen und abzubilden. Im Gegenzug und darüber hinaus plädierte er für einen „Theorieeklektizismus", der die „funktionalistischen, strukturalistischen und akteurstheoretischen Konzepte" kritisch nach „erkenntnisfördernden Anschlussmöglichkeiten" durchmustert. So erst sei zu hoffen, ein hinreichend detailliertes Bild der Transformationen zu bekommen; Merkel 1996, 325.

Subdisziplinen und Disziplinen im Namen besserer Gegenstandserkenntnis. Diese Bereitschaft anderes zu rezipieren, impliziert die Bereitschaft dazu, in den eigenen Annahmen verändert zu werden. Diese Transformationsakzeptanz rekapituliert damit jenen metaphorischen Experimentierprozess, in dem Neues, Interessantes und Gegenstandsadäquateres entsteht, indem die Ingredienzien/Agentien ihren Aggregatszustand und ihre Verbindungen verändern. Vor diesem Hintergrund meint Anschlussfähigkeit also die realitätsbezogene Interaktions- und Produktionskompetenz wissenschaftlichen Denkens – reflektiert also nicht auf die Methoden, sondern die angemessene Beziehung der Wissenschaft zum Gegenstand.

Arno Waschkuhn hat genau dies in all seinen Büchern exemplarisch vorgeführt und praktiziert, und er hat diese experimentelle Offenheit zu anderen Disziplinen und gegenüber den politischen Prozessen „da draußen" so treffend wie ergreifend als „angstfreie Weltbegegnung" benannt. Und so schreibt Arno Waschkuhn programmatisch und im Bewusstsein der Chancen, die es zu ergreifen und der Lebensbedingungen, die es zu gestalten gilt im 3. Jahrtausend: „Die Sozialwissenschaften werden zur Leitwissenschaft aufsteigen und wesentlich zur Rationalitätssteigerung beitragen. Dies vor allem, wenn sie sich – methodologisch und normativ, anthropologisch und evolutionstheoretisch, ästhetisch und sozialphilosophisch – mit den Naturwissenschaften verbinden, (menschliche und äußere) *Natur* wie (‚eigene' und ‚fremde') *Kultur* als jeweils subsidiär und ergänzungsfähig verstehen."[38] Wir können und wir müssen die Grenzen überschreiten, wir können und wir müssen verbinden, integrieren und dadurch intelligenter handeln. Und damit bin ich zwanglos bereits wieder in einen weiteren, nun letzten Bereich hineingekommen.

3. Publikum

Politik- und sozialwissenschaftliche Erkenntnisse haben Auswirkungen. Diese Auswirkungen mögen unter Umständen überraschend sein, sie sind natürlich unvermeidbar und selbstverständlich nicht zu steuern. Wie die Dürrenmattschen „Physiker" müssen sich auch die SozialwissenschaftlerInnen im Grunde ex ante mit den möglichen Folgen ihres veröffentlichten Wissens auseinandersetzen und ex post herumschlagen. Nun kann ich bei NaturwissenschaftlerInnen nicht einschätzen, ob sie über einen Maßstab für solche Debatten verfügen. Innerhalb der Politikwissenschaft gibt es allerdings einen sehr breiten Konsens darüber, dass die Disziplin

---

[38] Waschkuhn 2002, 65.

sich als „Aufklärungs- und Demokratie-Wissenschaft“ versteht.[39] Dass Politikwissenschaft sich als „Aufklärungswissenschaft“ versteht, bedarf wohl keiner großen Erklärung. Die Logiken, Motive, Strukturen, Bedingungen, Interessen, Folgen politischen Handelns sollen der Öffentlichkeit des Publikums erklärt und bewusst gemacht werden. Nicht zuletzt auch um der Möglichkeit von Prognosen willen.

„Demokratie-Wissenschaft“ bedarf vielleicht einiger Worte mehr. Diese durchaus normative Bezeichnung meint nicht, dass Politikwissenschaft ständig als ihr ceterum censeo das Bekenntnis zur Demokratie als Staatsform mit sich führt oder führen muss. Sie ist auch nicht ständige re-education-Wissenschaft mit indoktrinierendem Gepräge, und auch keine Disziplin, die auf den Sturz un-demokratischer Systeme hinarbeitet. Allerdings ist sie als Sozial- und Aufklärungswissenschaft auf die Erforschbarkeit ihres Gegenstandes und – wie gezeigt – die Vielfalt der Zugänge und Perspektiven methodisch angewiesen. Verlautbarungswissenschaft mit privilegiertem Zugang zur einsinnigen Machtzentrale kann sie nicht sein, sie verlöre denn ihren Charakter.

Sowohl die sehr weitgehende Zugänglichkeit des Gegenstandes als auch die Pluralität von Methoden, Meinungen und Ergebnissen sind – einmal gänzlich abgesehen von der Freiheit der Forschung insgesamt – nur in Demokratien möglich und gewährleistet. Aus diesen Gründen ist Politikwissenschaft immanent und durchaus normativ Demokratiewissenschaft. Deshalb hat sie auch ein Interesse an der Demokratie, am Erhalt der Demokratie.

Die Aufklärung des Publikums dient so auch – aber nicht ständig und penetrant und überall – der Stärkung, das heißt der Verbesserung der Demokratie durch Kritik. Forschungsergebnisse sollten deshalb auch für das Publikum der Nicht-Fachleute verstehbar sein. Das bedeutet, sie sollten an die Lebenswelten einer dispersen Öffentlichkeit ankoppeln können. Das meint zum einen, dass alltägliche lebensweltliche Erfahrungen wie Problemlagen aufgenommen und thematisch präpariert werden, und zum anderen, dass Ergebnisse in diese Lebenswelt zurückvermittelt werden sollten. Das dient nicht nur der Vermittlung von Wissen über das politische System oder politische Prinzipien oder internationale Politik. Diese Anknüpfung an die bürgerliche Öffentlichkeit dient vor allem der Eröffnung von Handlungsoptionen der Bürgerinnen und Bürger. Anders formuliert: Politikwissenschaft sollte/müsste gerade als Demokratie- und Aufklärungswissenschaft systematisch fachlich auf diese *doppelte Weise anschlussfähig sein zur Lebenswelt der Staatsbürgerinnen und Staatsbürger.*

---

[39] Mit einer historischen Einbettung Bleek 2001; Münkler/Krause 2003.

Oder noch anders: Ergebnisse politikwissenschaftlicher Forschung sollten im doppelten Sinne kognitiv wie praktisch „wahrnehmbar“ sein.[40]

Das gilt nun nicht für jede Studie unbesehen. So weit, finde ich, sollten wir nicht gehen. Aber prinzipiell meine ich, dass Politikwissenschaft eine Verantwortung für die „polites“, „cives“ und den „demos“ hat, gerade weil die Forscherin und der Forscher ja selber Teil dieses „demos“ und der demokratischen Staats- und Lebensform ist. Deshalb hat und soll Politikwissenschaft aktuelle Probleme aufgreifen und in nachvollziehbarer Sprache so klar und deutlich wie möglich und nötig dem Publikum auseinanderfalten und begründbare, nicht reduktionistische Antworten (und offene Fragen) geben sowie demokratische Handlungsoptionen aufzeigen. Das gilt auch für Politikerinnen und Politiker. Zwar muss man nicht ständig und nur Politikberatung machen; gleichzeitig besteht aber überhaupt kein Anlass, Politikberatung (wie lange üblich) zu verteufeln. Wenn es denn – um Fritz Teufel wenn nicht zu entstellen, so doch zu zitieren – der Wahrheitsfindung und der Verbesserung der Demokratie dient, warum denn nicht?

Lassen Sie mich zusammenfassen: Anschlussfähigkeit ist dreifach auf systematische Weise mit der Besonderheit der Politikwissenschaft verknüpft. Sie ist unumgänglich als wissens-ethische Haltung in der Bereitschaft zur kritischen Verbindung verschiedener Methoden, durch die Politikwissenschaft die epistemologisch geforderte Kunst der Distanz so ein- wie ausübt. Anschlussfähigkeit ist weiterhin als disziplinäre Offenheit unverzichtbar, um die Heterogenität des Gegenstandes auch nur annähernd adäquat, empirisch gesättigt und innovativ „verfolgen“ zu können, um im Aristotelischen Sprachspiel zu bleiben. Und Anschlussfähigkeit als Publikumsorientierung ist drittens notwendig, um den Merkmalen der Aufklärungs- und Demokratiewissenschaft weiterhin gerecht zu bleiben. Deshalb scheint mir Anschlussfähigkeit ein ganz wichtiges und konstitutives Moment bei der Selbstreflexion der Politikwissenschaft zu sein.

Deshalb ist es umso erstaunlicher, dass in keinem der Lexika der Politikwissenschaft ein Lemma „Abschlussfähigkeit“ auftaucht, wie es auch an Ironie kaum zu überbieten ist, dass im world.wide.web, das nun wirklich auf Verknüpfungen beruht oder diese vielmehr selber ist, ausgerechnet die Seite „Anschlussfähigkeit“ noch zu haben ist. Es ist also noch vieles zu tun – und die Zukunft ist offen und mit kritischer, kluger und belehrter Intelligenz zu gestalten. Es ist dies, was ich von Arno Waschkuhn gelernt habe – und es ist das Entscheidende.

---

[40] Das ist natürlich einer der Zentralgedanken von Jürgen Habermas 1992, 399–467.

Literatur

Albrow, M. (1998), Abschied vom Nationalstaat, Frankfurt/Main.

Aristoteles (1984), Politik. Übersetzt und hrsg. von O. Gigon, 5. Aufl. München.

Aristoteles (1995), Rhetorik. Übersetzt, mit einer Bibliographie, Erläuterungen und einem Nachwort von F. G. Sieveke, 5. Aufl. München.

Behr, H. (2004), Entterritoriale Politik. Von den Internationalen Beziehungen zur Netzwerkanalyse, Wiesbaden.

Benz, A. (2006), Politik in Mehrebenensystemen, Wiesbaden.

Benz, A. (Hrsg. 2004), Governance – Regieren in komplexen Regelsystemen. Eine Einführung, Wiesbaden.

Benz, A. / S. Lütz / U. Schimank / G. Simonis (Hrsg. 2006), Handbuch Governance, Wiesbaden.

Berger, P. L. / Th. Luckmann (1987), Die gesellschaftliche Konstruktion der Wirklichkeit. Eine Theorie der Wissenssoziologie, 5. Aufl. Frankfurt/Main.

Bleek, W. (2001), Geschichte der Politikwissenschaft in Deutschland, München.

Blumenberg, H. (1966), Die Legitimität der Neuzeit, 3. Bde., Frankfurt/Main.

Bourdieu, P. (1987), Sozialer Sinn. Kritik der theoretischen Vernunft, Frankfurt/Main.

Bourdieu, P. (1988), Die feinen Unterschiede. Kritik der gesellschaftlichen Urteilskraft, Frankfurt/Main.

Brunnengräber, A. / A. Klein / H. Walk (Hrsg. 2005), NGOs im Prozess der Globalisierung. Mächtige Zwerge – umstrittene Riesen, Wiesbaden.

Creveld, M. van (1999), Aufstieg und Untergang des Staates, München.

Czempiel, E.-O. (1999), Kluge Macht – Außenpolitik für das 21. Jahrhundert, München.

Daston, L. / P. Galison (2007), Objektivität, Frankfurt/M.

Eisenstadt, S. N. (2000), Die Vielfalt der Moderne, Weilerswist.

Esser, H. (1991), Der Doppelpass als soziales System, in: Zeitschrift für Soziologie, 20. Jg., S. 153–166.

Förster, H. von / B. Pörksen (1998), ‚Wahrheit ist die Erfindung eines Lügners', Heidelberg.

Foucault, M. (2004), Die Geburt der Biopolitik. Vorlesung am Collège de France 1978–1979. Übersetzt und hrsg. von J. Schröder, Frankfurt/Main.

Galbraith, P. W. (2006), The End of Iraq. How American Incompetence Created a War without End, New York et al.

Göhler, G. / K. Lenk / R. Schmalz-Bruns (Hrsg. 1990), Die Rationalität politischer Institutionen. Interdisziplinäre Perspektiven, Baden-Baden.

Göhler, G. (Hrsg. 1994), Die Eigenart der Institutionen. Zum Profil politischer Institutionentheorie, Baden-Baden.

Habermas, J. (1992), Faktizität und Geltung. Beiträge zur Diskurstheorie des Rechts und des demokratischen Rechtsstaats, Frankfurt/Main.

Heller, H. (1992), Staatslehre als politische Wissenschaft, in: ders., Gesammelte Schriften, Bd. 3., in Verbindung mit M. Drath, O. Stammer, G. Niemeyer und F. Borinski, 2. Aufl. Tübingen.

Hobbes, Th. (1984), Leviathan oder Stoff, Form und Gewalt eines kirchlichen und bürgerlichen Staates. Hrsg. und eingeleitet von I. Fetscher, Frankfurt/ Main.

Hollis, M. (1995), Soziales Handeln. Eine Einführung in die Philosophie der Sozialwissenschaften, Berlin.

Joas, H. / W. Knöbl (2004), Sozialtheorie. Zwanzig einführende Vorlesungen, Frankfurt/Main.

Kriz, J. / D. Nohlen / R.-O. Schultze (Hrsg. 1994), Politikwissenschaftliche Methoden, München.

Latour, B. (2000), Die Hoffnung der Pandora, Frankfurt/Main.

Lepsius, M. R. (1990), Interessen, Ideen und Institutionen, Opladen.

Luhmann, N. (2000), Die Politik der Gesellschaft, Frankfurt/Main.

Luhmann, N. (2002), Die Wissenschaft der Gesellschaft, Frankfurt/Main.

Lyotard, J.-F. (1986), Das postmoderne Wissen. Ein Bericht, Wien.

Mannheim, K. (1978), Ideologie und Utopie, 6. unveränderte Aufl. Frankfurt/ Main.

Merkel, W. (1996), Struktur oder Akteur, System oder Handlung: Gibt es einen Königsweg in der sozialwissenschaftlichen Transformationsforschung?, in: ders. (unter Mitarbeit von M. Rinza) (Hrsg.), Systemwechsel 1. Theorien, Ansätze und Konzepte der Transitionsforschung, 2. Aufl., S. 303–332.

Münkler, H. (2003), Politische Ideengeschichte, in: ders. (Hrsg.), Politikwissenschaft. Ein Grundkurs, Reinbek b. Hamburg, S. 103–131.

Münkler, H. / S. Krause (2003), Geschichte und Selbstverständnis der Politikwissenschaft in Deutschland, in: H. Münkler (Hrsg.), Politikwissenschaft. Ein Grundkurs, Reinbek b. Hamburg, S. 13–54.

Nassmacher, H. (2002), Politikwissenschaft, 4., völlig neubearbeitete und erweiterte Aufl. München-Wien.

Nuscheler, F. (unter Mitwirkung von B. Hamm 1998), Die Rolle der NGOs in der internationalen Menschenrechtspolitik, Bonn.

Osterhammel, J. / N. P. Petersson, (2003), Geschichte der Globalisierung, München.

Pappi, F. U. (2003), Theorien, Methoden und Forschungsansätze, in: H. Münkler (Hrsg.), Politikwissenschaft. Ein Grundkurs, Reinbek b. Hamburg, S. 77–100.

Ritsert, J. (1996), Einführung in die Logik der Sozialwissenschaften, Münster.

Schlichte, K. (2006), Staatsbildung oder Staatszerfall? Zum Formwandel kriegerischer Gewalt in der Weltgesellschaft, in: Politische Vierteljahresschrift, 47. Jg. 4/2006, S. 547–570.

Schultze, R.-O. (1994), Erkenntnisinteresse in der Politikwissenschaft, in: J. Kriz / D. Nohlen/R.-O. Schultze (Hrsg.), Politikwissenschaftliche Methoden, München, S. 107–117.

Thumfart, A. (1996), Staatsdiskurs und Selbstbewusstsein. Sprachlich-rhetorische Formen ihrer Institutionalisierung, Amsterdam.

Thumfart, A. (2002), Die politische Integration Ostdeutschlands, Frankfurt/Main.

Thumfart, A. / A. Waschkuhn (2005), Staatstheorien des italienischen Bürgerhumanismus. Politische Theorie von Francesco Petrarca bis Donato Giannotti, Baden-Baden.

Vattimo, G. 2006: Die Zukunft der Religion, in: R. Rorty / G. Vattimo, Die Zukunft der Religion, Frankfurt/Main., S. 12–31.

Waschkuhn, A. (1995), Was ist Subsidiarität? Ein sozialphilosophisches Ordnungsprinzip: Von Thomas von Aquin bis zur „Civil Society", Opladen.

Waschkuhn, A. (1998), Demokratietheorien. Politikwissenschaftliche und ideengeschichtliche Grundzüge, München-Wien.

Waschkuhn, A. (1999), Kritischer Rationalismus. Sozialwissenschaftliche und politiktheoretische Konzepte einer liberalen Philosophie der offenen Gesellschaft, München-Wien.

Waschkuhn, A. (2000), Kritische Theorie. Politikbegriffe und Grundprinzipien der Frankfurter Schule, München-Wien.

Waschkuhn, A. (2002), Grundlegung der Politikwissenschaft, München-Wien 2002.

Waschkuhn, A. (2006), Denationalisierung und zivile Tugenden. Liberaler Republikanismus und normativer Individualismus in der Hochmoderne, Baden-Baden.

Weber, M. (1988a), Die Objektivität sozialwissenschaftlicher und sozialpolitischer Erkenntnis, in: ders., Gesammelte Aufsätze zur Wissenschaftslehre. Hrsg. von J. Winckelmann, 7. Aufl. Tübingen, S. 146–214.

Weber, M. (1988b), Soziologische Grundbegriffe, in: ders., Gesammelte Aufsätze zur Wissenschaftslehre. Hrsg. von J. Winckelmann, 7. Aufl. Tübingen, S. 541–581.

Wetzel, D. J. (2003), Diskurse des Politischen. Zwischen Re- und Dekonstruktion, München.

Zürn, M. (1998), Regieren jenseits des Nationalstaats. Globalisierung und Denationalisierung als Chance, Frankfurt/Main.

Politische Utopien im Wandel der Zeit

Helge Peukert

1. Einleitung

> „Schon im Allgemeinen ist es nicht vernünftig, einen Gedanken deshalb unbeachtet zu lassen, weil er nicht schulgerecht entwickelt und bewiesen, sondern in einem Bilde verkörpert ist. Wo liegt denn das Uebel, wenn eine gefällige Dichtung einige Lehren mit Fleisch und Blut bekleidet, damit man deutlicher sehe und gleichsam mit erlebe, was sie beabsichtigen und bewirken?“[1]

Für Mohl gehörten die Utopien in die Tradition der Staatswissenschaften, ging es ihnen doch um Kritik und Reform des Staates (und der Gesellschaft), indem Fehlentwicklungen angeprangert werden. Trotz aller utopistischen Übertreibungen (Gütergemeinschaft, Aufhebung der Familie usw.) wirken sie fort durch die Kritik an sozialen Ungerechtigkeiten als ein „nicht unbedeutendes Gärungsmittel auch für die strenge Wissenschaft“[2]. Ähnlich wird A. Waschkuhn gedacht haben, als er den Gedanken zu einem Buch über *Politische Utopien*[3] an der staatswissenschaftlichen Fakultät der Universität Erfurt fasste, das nach den Aussagen A. Mohrs, dem Betreuer des Verlages, auf Waschkuhns eigene Initiative und nach bereits vorherigen Auseinandersetzungen mit dem Thema[4] zurückging.

Der Untertitel, „Ein politiktheoretischer Überblick von der Antike bis heute“, gibt den zentralen Inhalt des Buches wieder, in dessen Zentrum Fallbeispiele von Platon bis Orwell stehen. (Der Autor drückte mir ein Freiexemplar kurz nach Erscheinen als Geschenk in die Hand, richtig bedankt habe ich mich nicht dafür.) Vorab wird die Frage geklärt, was politische Utopien eigentlich sind. Es schließen Überlegungen zur Utopiekritik und vor allem Zweifel an ihrer Umsetzbarkeit an. Es folgen neuere Utopien von Skinner bis Piercy, resümierende Überlegungen zum politiktheoretischen Status von Utopien runden das Buch ab. Es lässt eine intensive und ernsthafte Beschäftigung mit Utopien und ihrer Sekundär-

---

[1] Mohl 1960, S. 168.

[2] Ebenda, S. 214.

[3] Waschkuhn 2003.

[4] u. a. Waschkuhn 1990.

literatur erkennen. Der Autor hat sich Zeit genommen und sehr viel Sorgfalt walten lassen, die oft verwunschenen Details der utopischen Konstruktionen stimmen. An genau den richtigen Stellen und wohl dosiert lässt Arno Waschkuhn humorvolle Bemerkungen und Beispiele einfließen, die v.a. den Studenten das Weiterlesen erleichtern dürfte. Er nimmt beherzt Stellung, ohne den Lehrbuchcharakter einer objektiven Darlegung der Ansätze zu verletzen. Immerhin etwa 30 Utopieentwürfe werden kommentiert, von den bekannteren Platons, Morus, Huxleys und Orwells über die weniger bekannten Bacons, Owens und Proudhons zu den eher unbekannten Boyes, Gearharts und Bookchins.

Aber der Autor trifft dennoch eine bewusste Auswahl. So fehlt z. B. die Utopie E. Bellamys, dem eine starke Auswirkung auf die Entwicklung der amerikanischen Sozialwissenschaften zukam (T. Veblen u.a.), auch gab es hunderte öffentliche Bellamy-Clubs im 19. Jahrhundert. Nichtsdestotrotz lässt Waschkuhn das ganze Spektrum des Utopiediskurses zu Wort kommen. Als weitere Besonderheiten des Buches seien erwähnt: der bewusst breite Raum, der Frauenutopien eingeräumt wird und die (nicht nur) liberale Kritik an Utopien. Trotz Waschkuhns unverkennbar kritischer Haltung gegenüber Utopien sieht er sie wie Mohl dennoch als wichtige Modelle sozialen und politischen Theoretisierens mit reflexiven Eigenschaften, da sich in ihnen und durch sie auch Einblicke in historische und strukturelle Tendenzen der jeweiligen Zeit gewinnen lassen. Utopien stellen für Waschkuhn weder eine Vorstufe zu einer wissenschaftlichen Kritik und Reform oder Revolution der Gesellschaft dar, wie Marx und Engels und letztlich auch E. Bloch meinten (von der Utopie zur Wissenschaft), noch hielt er Utopien generell auf bestimmte Phasen der menschlichen Geschichte beschränkt. Seiner Meinung gehören sie zur Conditio Humana, da der Mensch ein in die Zukunft träumendes und hoffendes Wesen sei (und auch bleiben solle). Waschkuhn stellt hier selbst eine persönliche Verbindung her, indem er bemerkt, mit dem Buch über Utopien sich auch auf einer persönlichen bedürftigen Suche nach Sinn zu befinden.

2. Charakteristika und Bewertung politischer Utopien

Auf wenigen Seiten skizziert Waschkuhn Utopien als Transformationen und Realitätsüberschreitungen der Seinswirklichkeit durch Gedankenexperimente. Durch soziale Phantasie beflügelt entstehen Gedankenlabore für denkbare Alternativen. Utopien skizzieren weder rein sensualistische Schlaraffenländer noch repräsentieren sie geträumte Phantasien. Sie veranschaulichen wenn auch unwahrscheinliche, so doch realisierbare Möglichkeiten, die, meist in romanhafte Reisebeschreibungen gekleidet, oft wie im Falle Morus von Lordkanzlern oder anderen im praktischen politischen Leben stehenden Menschen entworfen wurden. Sie sind als Zeitdiagnosen implizite Kritiken, die zumeist offenkundige Ungerechtigkeiten thematisieren. Im Zentrum stehen hierbei oft die vorherrschenden Eigentums- und Besitzverhältnisse und deren soziale Auswirkungen.

Zu unterscheiden sind positive (Eutopien) und negative bzw. schwarze Utopien (Dystopien). Letztere zeichnen meist ein düsteres Bild durch Extrapolation von Entwicklungstendenzen, die im Totalitarismus enden, mit elementaren Freiheitsverlusten, Überwachung und Manipulation. Die negativen Utopien treten im 20. Jahrhundert hervor, nach zwei Weltkriegen, Stalinismus und Faschismus und seit den 1970er Jahren die offenkundigen ökologischen Grenzen des Wachstums. Sie bewirken „die Abkoppelung der Utopie von einem geschichtsphilosophischen Fortschrittsglauben, ferner die radikale Dezentralisierung der politischen, gesellschaftlichen und wirtschaftlichen Institutionen sowie die Versöhnung der Technik mit der Natur, der in Sonderheit eine rigorose Ethik des Konsumverzichts und in antizipativer Weise auch die Formel der nachhaltigen Entwicklung … entspricht“.[5]

Die, von Platon abgesehen, mit Morus 1516 einsetzenden positiven Utopien, die oft auf die Herausbildung des modernen Staates, das Aufkommen des Kapitalismus und die Zurückdrängung der Landwirtschaft als primärem Sektor reagieren, skizzieren gerechte und freie Gesellschaften, in denen Frieden herrscht und ein Ende von Herrschaft, Entfremdung, Gewalt und Egoismus vorgesehen ist. Herrschaftsfrei-harmonische Urgemeinschaften werden ersehnt, die die Komplexität der realen Welt auf ein oder sehr wenige Prinzipien zuspitzen (oder reduzieren?). Aus der Sicht der Kritischen Theorie erscheint das Anliegen von Utopien gerechtfertigt: wenn das Ganze das Unwahre ist, so bleibt im Prinzip nur die totale Negation und Versuche vollständig neuer, holistischer Entwürfe.[6] Auch lässt sich der Utopiebegriff mit Waschkuhn in einem eher deskriptiven Sinne im Anschluss an K. Mannheim[7] verstehen als implizites Urbild (Sorels Mythos verwandt) von sozialen Gruppen oder Klassen in der historischen Zeit, in dem sich ihre Hoffnungen, Sehnsüchte und Sinnziele kondensieren. Alle ausdrücklichen Utopien zumindest verfolgen meist

---

[5] Waschkuhn 2003, S. 13.

[6] siehe im Besonderen Adornos allerdings wenig origineller Beitrag zu Huxley, in dem er diesem platt einen Rückfall in einen idealistischen Individualismus vorwirft (Adorno 1977); siehe zur Kritischen Theorie insgesamt Waschkuhn 2000.

[7] K. Mannheim 1985.

ein Grundthema, „das wir als die Sehnsucht nach der wahren Gerechtigkeit bezeichnen können … Ferner findet man die Selbstbescheidung und Mäßigung, den Verzicht auf Luxus in fast allen politischen Utopien“.[8]

Bereits im ersten Kapitel werden aber bereits von Waschkuhn die negativen Seiten der positiven Utopien klar benannt:

> „Andererseits neigen nicht wenige Utopien zur Versteinerung, weil der Idealzustand ja bereits gefunden sei und keiner Veränderung bedarf … Dazu gehört, dass das Establishment von Utopien, einmal etabliert, nie mehr angetastet werden darf … Dem entspricht, dass in den meisten Utopien für Andersdenkende kein Platz ist“.[9]

Darstellung des Ambivalenten in positiven Utopien, einerseits Gedankenlabor und Mittel gegen Engstirnigkeit, andererseits Brutstätte für totalitäre Ansätze zu sein, wird im gesamten Buch durchgehalten und in Form einer Zwischenbetrachtung in einem späteren Kapitel vertieft.[10] Dort schlägt er sich auf die Seite einer grundsätzlichen Kritik, die konstitutive Schwachstellen und Webfehler von Utopien identifiziert. Unwiderrufliche politische Endziele, oft vorgetragen mit der emotionalen Attitüde des Predigers, die keine Ambiguitätstoleranz zulassen, können letztlich nur zu Glaubenskriegen und Unterdrückung führen. Die Annahme einer Welt der Gewissheit, in der extreme Idealtypen realisierbar sind, führen letztlich zu ihrer und aller Selbstzerstörung. Man „muss letzthin alle dissentierenden und konkurrierenden Anschauungen ausmerzen und vernichten, denn der Weg zum utopischen Ziel ist lang“.[11]

Dem kritischen Rationalismus Poppers[12] verpflichtet, über den Waschkuhn auch ein Lehrbuch verfasste[13], wird auf unser begrenztes Wissen, insbesondere hinsichtlich nicht-intendierter Nebenwirkungen, hingewiesen, klar identifizierbare historische Fortschrittsgesetze (oft verbunden mit der Illusion grenzenloser Machbarkeit und Demokratieskepsis), gebe es nicht. Er bezieht Argumente I. Berlins und H. Alberts in seine Überlegungen ein, eine Argumentationsschiene, die jüngst von Enzensberger, J. Fest und E. Nolte fortgeführt wurde. Waschkuhn plädiert nachdrücklich für die von ihm bevorzugte Lebensweise einer liberal-zivilgesellschaftlichen, aktiven Bürgergesellschaft und eine Politik der eher kleineren Schritte, für die Konflikte und Divergenzen normal seien.

---

[8] Waschkuhn 2003, S. 4.

[9] Ebenda.

[10] Ebenda, S. 179–193.

[11] Ebenda, S. 180.

[12] Popper 1997.

[13] Waschkuhn 1999.

„Demgegenüber ist das von Dahrendorf verfochtene Konfliktmodell der Gesellschaft[14] zu bevorzugen, denn es ist der geregelte und friedlich ausgetragene soziale Konflikt, der als große schöpferische Kraft den Wandel voranbringt, die Gesellschaft dynamisiert ... [Utopien] müssen zivile Tugenden und Institutionen in pluraler Weise miteinander verbinden und insgesamt eine anständige Gesellschaft konzipieren, um uns zu überzeugen."[15]

Unter Anständigkeit versteht Waschkuhn mit Margalit den Verzicht auf Demütigung anderer Menschen und die Möglichkeit, ohne Angst verschieden sein zu können (Rorty). Ich habe oft erlebt, dass Arno Waschkuhn diesen zivilgesellschaftlichen Tugendkranz nicht nur abstrakt als institutionelles Erfordernis vertrat, sondern als alltagspraktische Sozialethik lebte, indem er z. B. bei teils munteren Auseinadersetzungen in universitären Gremien, selbst wenn diese (selten) seine Person oder Rolle betrafen, zwar klar Stellung bezog, auch durch seine humorvolle Art aber niemals andere Personen ‚herunterzumachen' versuchte und selbst in der Auseinandersetzung versöhnend wirkte, ohne inhaltliche Differenzen zu verschleiern.

Eine positivere Darstellung erfahren die Utopien in den Schriften R. Saages, „der gegenwärtig wohl wichtigste politikwissenschaftliche Utopieforscher".[16] Durch einen Vergleich tritt auch die eigenständige Sicht Waschkuhns deutlicher hervor. Für Saage, der den vierten Band seines Hauptwerkes seinem Lehrer I. Fetscher widmete, sind Utopien Ausdruck des neuzeitlichen säkularen Geistes. Sie basieren im Sinne der Nachvollziehbar- und Realisierbarkeit auf dem Anspruch kommunikativer Rationalität. Sie weichen nicht in die Transzendenz oder in die Vergangenheit als Legitimationsquellen aus. Ihr Ursprung liegt weniger wie nach Popper in Platons abstrakter Elite-Polis, sondern eher (wie bei Landauer, Bloch und Mannheim) in den sozialrevolutionären Bewegungen der Wiedertäufer und des Bauernkrieges.

Saage betont auch die innere geistige Entwicklung der Utopieentwürfe. Zwar trete der Leviathan in den Vorstellungen der Utopien der Renaissance und der Reformation angesichts der damaligen Wirren als stabilisierender Faktor deutlich hervor, doch bereits in den Entwürfen des Absolutismus und der Aufklärung schieben sich naturalistische (also nicht- oder anti-etatistische) Konzeptionen in den Vordergrund. Nach der industriellen Revolution habe die Problematisierung des technischen Staates und im 20. Jahrhundert die prekäre Vollendung der Moderne

---

[14] Dahrendorf 1974.

[15] Waschkuhn 2003, S. 186 und 193.

[16] Ebenda, S. 1; siehe Saage 2001ff. und kondensiert 1995.

überwogen, gefolgt von postmateriellen Utopien der 1970er und der folgenden Jahre, in denen der Umweltkollaps oft vor einem anarchistischen Hintergrund thematisiert wurde. Saage bestreitet, dass praktisch allen Utopien zwangsläufig totalitäre Züge innewohnen. Je näher die Utopien an die Jetztzeit rücken, umso weniger fordern sie die illusionäre Erschaffung eines neuen Menschen durch Zwang oder Manipulation. Vielmehr setzen sie sich für das Recht des Einzelnen ein, wenn auch nicht über das subjektive Naturrecht. In den Entwürfen der Utopien spiegelt sich nach Saage ein interner Lernvorgang wieder. Nicht Überwachung statt persönlicher Autonomie, nicht (nach dem Zusammenbruch des real-existierenden Sozialismus eine an sich schon diskreditierte) Planwirtschaft statt Kreativität zeichne Utopien zwangsläufig immer aus.

Alle idealen utopischen Gemeinwesen supponieren allerdings den Vorrang der Politik vor der Wirtschaft. Sie sind insofern anschlussfähig für gegenwärtige kritische Sozialbewegungen. Saage misst der praktischen Bedeutung der Utopien daher einen höheren Stellenwert ein als Waschkuhn, auf dessen Buch er häufig Bezug nimmt.[17] Saage kritisiert als konzeptionelle Schwäche bei Waschkuhn, dieser habe die anarchistische Spielart[18] zu wenig betont und daher den nicht zutreffenden Vorwurf formuliert, in praktisch allen Utopien werde die Würde des Einzelnen nicht genug berücksichtigt.[19] Demgegenüber meint er:

> Die „sozial- und wirtschaftswissenschaftliche Prognostik hat die szientifische Optik zu sehr auf die quantitativen Entwicklungstrends verkürzt und sie blind gemacht gegenüber den kaum noch zu überblickenden ökologischen Folgeproblemen. Ein neues Verhältnis zur Natur wird aber nur dann möglich sein, wenn die Sozialwissenschaften die Fähigkeit zurückerlangen, die Zukunft, die wir haben wollen, zum Gegenstand öffentlicher Diskurse zu machen. Wer sie im Interesse der Erhaltung der der natürlichen Lebensbedingungen der Menschheit anstrebt, kommt um die p[olitischen]. U[topien]. nicht herum".[20]

---

[17] sieh die jeweiligen Fußnotenverweise in Saage 2003, S. 3, 144, 164, 196, 214, 240 und 364.

[18] Kropotkin u. a.

[19] Saage 2003, S. 15 f.

[20] Saage 1995, S. 482.

3. Von Platon über Morus bis Callenbach: Exemplarische Utopien in der Diskussion

Es ist nicht möglich, die Waschkuhnsche Diskussion der verschiedenen Utopien im Einzelnen zu verfolgen. Dies ist auch nicht unbedingt nötig, da bereits im längeren Abschnitt über Platon[21] die starken Seiten des Buches deutlich hervortreten. Nachdem die Musterpolis Platons in der um 374 v. Chr. entstandenen *Politeia* hinsichtlich der drei natürlichen Stände Bauern, Wächter und Herrscher, die die drei Seelenteile repräsentieren (Triebe, Mut, Vernunft) und der gesellschaftlichen und wirtschaftlichen Gestaltung näher skizziert wurden, stellt Waschkuhn treffende Beziehungen zur Biographie Platons und seiner damaligen Umwelt her.

Es gelingt ihm, auch dem Nichtphilosophen die Verbindungslinien zwischen Platons Philosophie und Utopie klar zu machen und er stellt seine Vorschläge zur Gestaltung der Arbeit (und der Eigentumslosigkeit der Führungsschicht), der Rolle der Technik und z. B. der Tugend der Askese komparativ in Beziehung zu späteren utopischen Ansätzen. Er würdigt Platons Rolle als Vorbild für fast alle späteren Utopien und spricht ihr selbst für heute noch ein hohes Anregungspotential zu. Dennoch hält er mit eigener Kritik an dessen paternalistischen, elitär-statischen Anti-Individualismus, dem Erziehungsmonopol u.a. nicht hinter dem Berg, denn Platon „befürworte[te] in letzter Konsequenz einen Führerstaat".[22]

Auf das wesentliche konzentriert ziehen die Utopien von Morus, Campanellas Staatssozialismus, F. Bacons Lob der technischen Effizienz, der französische Naturalismus(Meslier, Morelly), der utopische Sozialismus Fouriers und seiner Lust-Produktionsgenossenschaften, Saint-Simons technokratische Elite und der Owensche Genossenschaftssozialismus am Leser vorüber, dem Waschkuhn einige Sympathien entgegenbringt. Dies ist insofern bemerkenswert, als er auch z. B. dem Libertären M. Stirner zuneigt, was seine eigene komplexe gesellschaftspolitische Verortung erkennen lässt, die man bewusst paradox als ‚individualistischen Sozialdemokratismus' bezeichnen kann (mir gegenüber hat sich Waschkuhn, den ich wegen einer Entscheidung einmal heftig kritisierte, als Sozialdemokrat zu erkennen gegeben).

Auch die schwarzen Utopien des 20. Jahrhunderts kommen zur Darstellung, so wird z. B. Huxleys *Brave New World* aus dem Jahr 1932 gewürdigt, die sich als Ausdruck der Desillusionierung durch die Entwicklungen der Technik und der UDSSR interpretiert lässt. Die Schaffung

---

[21] Waschkuhn 2003, S. 15–37.

[22] Ebenda, S. 36.

einer Soma Kultur durch Glückspillen, die Existenz von Brutzentralen für Klone und die verbreitete Suggestopädie (operante Konditionierung) mit dem Ziel der Konfliktfreiheit[23] erinnern ungemütlicher Weise an heutige Bedrohungspotentiale in Form der manipulativ einsetzbaren Kernspintomographie, der uniquitären Werbung, der Genmanipulation, des Klonens und von Retortenbabys, der Anwendung von Drogen (Viagra), Cybersex und umfänglichen neuen elektronischen Kontrollmöglichkeiten. Indirekt kann man schließen, dass Waschkuhn die in den negativen Utopien formulierten Gefahren geringer einschätzt als der Verfasser dieser Zeilen.

Er war eben im guten Sinne ein optimistischer, demokratischer Modernist, der in einem Disput mit mir vor erstauntem Studentenpublikum in einem Studium Fundamentale für eine positive Besetzung des ‚Lärms' von ICEs und Flugzeugen plädierte (ich vertrat die These: Lärm ist eine der Todsünden der Menschheit), der eine klangliche, mondäne Brücke zur globalisierten Welt herstelle (eine gewisse Revision dieser Meinung erfolgte allerdings, nachdem direkt vor seinem Haus der Ausbau der Bahnstrecke erfolgte). Neuere positive Utopien wie der Gedanke einer universalen Diskursgemeinschaft im Sinne Habermas oder das Konzept der Sozialen Marktwirtschaft werden nicht diskutiert (diese Verbindung findet sich im von Waschkuhn rezipierten Artikel von Luhmann[24], der Utopien als Reaktion auf die Folgen funktionaler Differenzierung deutet, indem die Unbeherrschbarkeit der Gesellschaft in das System der Politik hineinkopiert wird). Es lässt sich aber einwenden, dass weder die universale Diskursgemeinschaft noch die Soziale Marktwirtschaft als utopischer Gesellschaftsentwurf oder in Romanform vorliegen und insofern nur bedingt zum Genre zu zählen sind.

Die Morussche Utopie[25] wird detailliert geschildert, aber als undialektische konfliktfrei-harmonistische Idealkonstruktion eher kritisch beurteilt, da sie, von Popper aus betrachtet, eine anti-individualistische ‚geschlossene Gesellschaft' darstellt. „Utopia ist für mich jedenfalls nicht sonderlich attraktiv, auch wenn etliche Passagen bei Morus durchaus als Satire anzusehen sind und man bis heute in der Morus-Interpretation unsicher ist, ob sich der Autor mit der „Utopia" in jeder Hinsicht identifizieren konnte und wollte".[26]

---

23 So auch bei Orwell und Skinner.
24 Luhmann 1994.
25 More 1989.
26 Waschkuhn 2003, S. 54 f.

Die wahrhaft dialektische Konstruktion der Utopie wird in der Sekundärliteratur meist verkannt. Morus, 1494 in London geboren, später Jurist, Parlamentsmitglied, Humanist, Freund des Erasmus, Sheriff von London, Opponent Heinrich VIII, schließlich im Tower hingerichtet, legte ein geniales Werk vor, dessen Mehrebenendialektik sich nicht leicht erschließt.

Jenseits zu seiner Zeit vorliegender kontraktueller oder machtstaatlicher Ansätze, führt Morus einen frühmodernen Weisheits-Diskurs. In der Einleitung an P. Giles wird zunächst der eigene Beitrag bescheiden minimiert, der Autor führt Zeitprobleme an, da er im praktischen Leben stehe. Die Person Hythlodays, etymologisch ein Experte in Nonsens, wird relativiert, aber gleichzeitig anhand der Überlegungen selbst zur Länge der Brücke gezeigt, wie ernst das Ganze letztlich doch gemeint ist. Der Leser soll sich bereits im Vorfeld in den Kantschen Zustand des Selbstdenkens *(sapere aude)* versetzen. Buch 1 ist konsequent als Dialog mit pluralen Meinungen zwischen dem Autor, Giles, Hythloday, einem Kardinal und einem Laien angelegt, der Leser nimmt als zusätzlicher Diskutant Platz. Die gedankliche Befassung mit Politik wird mit allerhand Public Choice-Argumenten in Frage gestellt, aber schließlich doch ein radikaler Systemwandel zur Abschaffung von Geld und Privateigentum und zur Einführung von Gemeineigentum als Ursache allen sozialen Übels eingefordert. Der Leser wird intellektuell herausgefordert und regelrecht gezwungen, zu den vorgetragenen Argumenten Stellung zu nehmen.

Die hier leider nicht zu beschreibende Utopie des zweiten Buches enthält, so die hier aufgestellte These, die unbequemen Wahrheiten hinsichtlich der Probleme und Kosten radikaler Umgestaltungsvorschläge, bei denen eine egalitäre Gesellschaft der Gleichheit an die Stelle, modern gesprochen, einer unregulierten Marktwirtschaft und eines soziale Belange nicht beachtenden Machtstaates treten soll. Morus gibt sich als großartiger Gelehrter zu erkennen, indem er einerseits die eigentliche Notwendigkeit radikaler Umgestaltung betont, aber gleichzeitig ehrlich die Kostenseite nicht verschweigt, d. h. die Aktiv- und Passivseite der politologischen Bilanz von Utopien präsentiert: (1.) Es tritt das Problem auf, eine neue Gesellschaft erst einmal lokal aufbauen zu müssen, hiermit droht ihr aber der Angriff von außen oder eine innere Militarisierung. Morus macht klar, dass nur in einem idealen Zustand der Isolation (Insellage, Mauern usw.), die im Falle der UDSSR z. B. nicht gegeben war, der Neuaufbau gelingen kann; (2.) Als nächstes tritt das Problem der Transformation auf, d. h. es bedarf eines machtvollen zentralen (‚bolschewistischen') Willens zur Umgestaltung. Morus spricht offen aus, dass es ohne einen *Commandante* (Utopus) und eine lenkbare Urbevölkerung wohl schlecht geht.

(3.) Nach der gesellschaftlichen Umgestaltung entfällt die von Schumpeter so bezeichnete Peitsche der Arbeitslosigkeit und eine kapitalistische Effizienzkontrolle, auch werden die Konsumgüter frei verteilt. Morus vertrat ein skeptisches Menschenbild, wie ist dann Trittbettfahrerei und Drückebergerei zu vermeiden? Morus spricht klar aus, dass dies nur durch Meldungen und eine gewisse Einschränkung der Bewegungsfreiheit geht (Reiserlaubnis, siehe Kuba) und die politisch Gewählten eine Art Alltagskontrolle ausüben (Blockwärte?) und schließlich durch die Priester und die Bildung eine ideologische Beeinflussung nötig ist; (4.) Zur Unterdrückung von Luxusbedürfnissen bedarf es ausdrücklichen, kollektiven erzieherischen Einflusses und einer gewissen operanten Konditionierung (z. B. gegen Gold und Silber, das die Sklaven und Kriminelle als Ketten und Ringe tragen). Geld existiert nicht, nur essentielle Dinge sind überhaupt zu erwerben, auch ist nur eine uniforme Bekleidung vorgesehen; (5.) Zur Unterdrückung gefährlicher oder dauerhafter politischer Fraktionierungen und Parteienbildungen findet kein öffentlicher politischer Diskurs statt (schneller Vorwurf der Konspiration bei Beratungen außerhalb der politischen Institutionen) und die Gesellschaft ist auf einen statischen landwirtschaftlichen Kreislauf ohne Veränderungen eingestellt, da an politischen Bifurkationspunkten Meinungsverschiedenheiten zu Lagerbildungen führen würden, der nur durch – in Utopia nicht vorgesehene – formaldemokratische Mittel (indirekte Wahl, Mehrheitsentscheidungen usw.) beizukommen wäre; die landwirtschaftliche Statik enthebt auch der Entscheidungen über die Richtung von Investitionen.

(6.) Es bedarf eines starken, erzwungenen Glaubenssystems. Alle Personen, die wichtige Ämter bekleiden, müssen an ein höheres Wesen und die Unsterblichkeit der Seele glauben; die sozial erhöhte Priesterkaste spielt hier im öffentlichen Leben eine besondere Rolle, die gemeinsamen Lesestunden und Mahlzeiten, die der sozialen Integration dienen, führen wohl zu Verlusten der Privat- und Entscheidungsfreiheit, erinnert sei auch an die Verbote aller Spielhöllen, Weinlokale, Bordelle usw.; (7.) Was die politischen Entscheidungsmechanismen betrifft, findet sich eine bewusste und wohl zwangsläufige Verbindung demokratischer und autoritärer Elemente, die Prinzen der Städte werden in der Regel auf Lebenszeit gewählt, die untersten Entscheidungseinheit sind die patriarchalen Familienältesten, die auch die Konsumgüter verteilen. Die Verwaltung der Städte unterliegt einem sehr kleinen Gremium.

Praktisch alle aufgeführten Strukturprobleme, die hier die positiven Seiten der Morusschen Utopie ungerechter Weise ganz ausblenden, ließen und lassen sich in den Ländern des ehemaligen oder noch bestehenden realen Sozialismus erkennen, was Morus Weitsichtigkeit belegt. Viele Bedenken, die Arno Waschkuhn gegenüber der linearen Umsetzung von

Utopieentwürfen formulierte, teilt Morus demnach selber und hat sie im Urwerk aller Utopien verklausuliert zu bedenken gegeben!

Haben sich demnach heute erkenntnisgesättigt die utopischen Energien erschöpft? Von einem Ende der autoritär-etatistischen Utopien kann wohl vorerst tatsächlich ausgegangen werden. Allerdings gilt dies sicher weniger für die von Saage so bezeichneten postmateriellen Utopien, in denen politische Dezentralisierung, die direkte Teilhabe der Bürger an Entscheidungsprozessen, die Entkoppelung von Wissenschaft und Technik von ökonomischen Wachstumsimperativen, Konsumverzicht, die Emanzipation der Arbeit bei gleichzeitiger Aufwertung sexueller und künstlerischer Aktivitäten und eine Skepsis gegenüber den bisherigen Formen der Naturbeherrschung eine große Rolle spielen.

E. Callenbachs *Ökotopia*[27] gehört in der Tradition J. Muirs, A. Leopolds und R. Carsons zu den auch von Waschkuhn behandelten postmateriellen Utopien.[28] Allerdings beurteilt er Callenbachs Entwurf ganz auf der Linie Hermands[29], der Callenbach eine hedonistische Oberflächlichkeit vorwirft. Waschkuhn, der doch in seiner Lebensweise mit seiner Frau auf kreative Weise einige Aspekte der 1968er-Bewegung bewahrte, geht mit *Ökotopia* ungewöhnlich hart ins Gericht. Es handele sich um ein unbedarftes subkulturelles Konglomerat, ein stark romantisierendes und unbedarftes Zeitdokument, dem es an Tiefe gebreche. Nach meiner Ansicht sieht er hier nur die negativen Seiten von *Ökotopia*, da gerade heute angesichts des Klimawandels und anderer Bedrohungen die Versöhnung von Mensch, Technik und Natur, eine radikale Dematerialisierung, ein regelrechtes Primat der Ökologie und eine Ethik des Konsumverzichts für unser aller Überleben gefordert sein dürfte.

Natürlich lässt sich streiten über ökotopianische Teilaspekte: die neue Körperlichkeit und freie Liebe, die rituellen Kriegsspiele, den Pantheismus, die Drogen usw., denen doch aber vorausschauende Gedanken zu Gratis-Fahrrädern, dem Rückbau der Strassen, der Nutzung der Sonnenenergie, der Kabeldemokratie, der Reduzierung der Bevölkerung usw. gegenüberstehen. Ob eine Vielzahl lose vernetzter, ökotopianischer Poleis ohne zentralere Superstrukturen als Weltgesellschaft möglich ist, mag offen bleiben, ebenso, ob und wie die weltweite Hegemonie besitzpossessiv ausgerichteter Menschen auf demokratische Weise überwunden werden könnte. Tatsache ist aber, dass die Methode des Popperschen *piecemeal social engineering* (inter)national bisher gescheitert ist, was sich am

---

27 Callenbach 1978.

28 Waschkuhn 2003, S. 200–202.

29 Hermand 1986.

Beispiel des Kyoto-Protokolls leicht zeigen ließe. Eingedenk aller uns bereits von Morus nahe gelegten Kosten, die eine utopische Wende mit sich brächte, muss die Frage der Notwendigkeit eines holistischen Umschwungs der Steuerungslogik der Weltgesellschaft, deren Ökonomien auf exponentiellem Wachstum beruhen, dennoch gestellt werden.[30]

Saage[31] weist sehr zutreffend darauf hin, dass die ernst zu nehmende wissenschaftliche Literatur in ihren Folgerungen deutliche Parallelen zu den bisherigen klassischen utopischen Entwürfen[32] aufweist. Auch Meadows et al. gehen davon aus, dass eine bloße Fortführung oder geringfügige Modifikation bestehender Entwicklungen den Problemen der Gegenwart nicht gerecht wird; sie betonen die Grenzen des Marktes und des Prinzips der Gewinnmaximierung; sie fordern Konsumverzicht in den entwickelten Gesellschaften und eine radikal gleichmäßigere Einkommensverteilung im Weltmaßstab; sie plädieren für die Berücksichtigung ethischer Normen bei Unternehmensentscheidungen und die sparsame Nutzung von Energie, eine Dezentralisierung der Energieversorgung und ein neues ganzheitliches Denken, das die Lebenswirklichkeit des ganzen Planeten Erde umfasst; sie fordern eine Begrenzung der menschlichen Aneignung der durch Photosynthese erzeugten Energie, um den selbstorganisierenden Naturkreisläufen genügend Spielräume zur Regenration zu belassen.

Schließlich gehen sie von der durch die Glücksforschung bestätigten Tatsache aus, dass höhere Einkommen über einem Mindestniveau des Menschen Glück im Durchschnitt nicht zu erhöhen vermag. In wissenschaftlichen Abhandlungen wie der von Meadows et al. wird zwar nicht unbedingt die Rückkehr zu indianischen Riten und Naturreligionen empfohlen, aber doch eine gewisse Aufhebung der harten Subjekt-Objekt-Trennung für sinnvoll gehalten, so dass sich das Subjekt zumindest mit den Dingen und Geschöpfen seiner Mitwelt durch Mitgefühl verbunden fühlt und mehr dementsprechend handelt. Hier schließt sich dann auch wieder der Kreis zu Waschkuhn, dessen zivile Tugenden die legitime Differenz, ohne Angst anders sein zu können und den Verzicht, andere zu demütigen in seine Überlegungen zu einer solidarischen, gerechten und freien Bürgergesellschaft einschloss.

---

[30] Krippendorf 1993.

[31] Saage 1998.

[32] z. B. Meadows et al. 2007, siehe insbesondere nach der Interpretation der Computermodelle die quasi-utopischen Kapitel 7 und 8.

4. Ausblick

Im letzten fünften Kapitel[33] resümiert Waschkuhn die Ergebnisse seiner Analyse. Utopien entinstitutionalisieren fragwürdige Selbstverständlichkeiten und schlagen symbolische Neucodierungen vor. Hierin liegt ihre fraglose positive Bedeutung. Dennoch überwiegt seine Skepsis. Alle Realitätstests von Utopien misslangen kläglich, eine Idealutopie, der man sich verschreiben könnte, ist nicht in Sicht. Der Preis ihrer Implementierung sei zu hoch, ein Ende der Geschichte und einen glücklichen Finalzustand gebe es nicht. Utopien erfordern zur Bestandserhaltung eine sozialisatorische Überintegration, die persönliche Entfaltungschancen massiv behindere. Ferner seien bereits wesentliche kritische Impulse von Utopien auf realistische Weise im demokratischen Wohlfahrtsstaat aufgegriffen worden. Waschkuhn setzt an ihre Stelle O. Höffes Ansatz einer kreativen, innovativen und kritischen Weltrepublik[34], in gewissem Sinne eine neomoderne Utopie.

Teile des Abschlusskapitels sind persönlich gehalten, „insgesamt überwiegt dann doch eher die Skepsis in Bezug auf die utopischen Offerten".[35] In einer Fußnote fügt er auf der gleichen Seite hinzu: „Aber vielleicht liegt es auch daran, dass ich mit meiner Zeit und meinen Entscheidungschancen zufrieden war und darüber hinaus ein überwiegend glücklich eingestimmter (und das heißt: angstfreier) Mensch bin". Als waschechter (Alltags)Demokrat lässt er alternative Sichtweisen zu und bindet die seine reflexiv an die eigene Lebenswelt. Die angesprochene Angstfreiheit ist nicht übertrieben: Ich traf Arno Waschkuhn an der Universität, als er vom eigenen Ende schon wusste. Wir unterhielten uns einige Minuten über Robertsons Globalisierungsansatz, bezüglich eines erwähnten Aufsatz sagte er seelenruhig am Schluss des Gesprächs: ‚Den können Sie mir dann ja mal bei Gelegenheit zuschicken'.

Das letzte Kapitel des Buches leitet ein Zitat M. Prousts ein: ‚Ideen sind Surrogate des Kummers'. Vielleicht liegt in diesem Zusammenhang auch der letzte Impuls der Religionen und der Entwürfe von Utopien: der Traum einer ewigen, friedlich-solidarischen Gemeinschaft aller Menschen, oder doch zumindest derer, die wir lieb gewannen und als Zurückgelassene vermissen. Ein wahrhaft schöner, utopischer Gedanke ist, dem Mann mit der wehenden Mähne, dem anmutigen Schritt, dem verbindenden Lächeln und der Bärentasche, der stets ein wenig Zeit für einen

---

[33] Waschkuhn 2003, S. 221–244.

[34] Höffe 1999.

[35] Waschkuhn 2003, S. 222.

Gedankenaustausch beim zufälligen Zusammentreffen im Lehrgebäude 1 der Universität Erfurt hatte, einst wieder begegnen zu dürfen. Zu gerne hätte ich dann auch mit ihm diskutiert, ob nicht ein viel radikalerer und auch anderer quasi-utopischer Umbau der Weltgesellschaft mit einer absoluten Begrenzung des Materiedurchsatzes der globalen Ökonomie nötig wäre, um die ökologische Bedrohung der Menschheit abzuwenden.

Literatur

Adorno, T. W. (1977), Aldous Huxley und die Utopie, in: Adorno, T. W. Gesammelte Schriften, Band 10,1: Prismen, Frankfurt/Main, S. 97–122.

Callenbach, E. (1978), Ökotopia, Berlin.

Dahrendorf, R. (1974), Pfade aus Utopia, München.

Hermand, J. (1986), Möglichkeiten alternativen Zusammenlebens. Ernest Callenbachs *Ecotopia* (1975), in: Berghahn, K. L. (Hrsg.), Literarische Utopien von Morus bis zur Gegenwart, Königstein/Ts., S. 251–264.

Höffe, O. (1999), Demokratie im Zeitalter der Globalisierung, München.

Krippendorf, J. (1993), Auf dem Weg nach Ökotopia, Wien.

Luhmann, N. (1994), Kapitalismus und Utopie, in: Merkur (Vol. 48), 189–198.

Mannheim, K. (1985), Ideologie und Utopie, 7. Aufl., Frankfurt/Main.

Meadows, D. et al. (2007), Grenzen des Wachstums: Das 30-Jahre-Update, 2. Aufl., Stuttgart.

Mohl, R. (1960) [1855], Die Geschichte und Literatur der Staatswissenschaften, Band 1, Graz.

More, T. (1989) [1516], Utopia, Cambridge.

Popper, R. (1997), Utopie und Gewalt, in: Vermutungen und Widerlegungen, Band 2, Tübingen, S. 515–527.

Saage, R. (1995), Politische Utopie, in: Nohlen, D., Schultze, R.-O. (Hrsg.), Lexikon der Politik, Band 1: Politische Theorien, München, S. 478–483.

Saage, R. (1998), Reflexionen über die Zukunft der politischen Utopie, in: Schoell, O. (Hrsg.), Politische Utopien, Göttingen, S. 84–99.

Saage, R. (2001ff.), Utopische Profile, 4 Bände, Münster.

Saage, R. (2003), Utopische Profile, Band IV: Widersprüche und Synthesen des 20. Jahrhunderts, Münster.

Waschkuhn, A. (1990), Utopien, Utopiekritik und Systemtheorie, in: Göhler, G. et al. (Hrsg.), Politische Institutionen im gesellschaftlichen Umbruch, Opladen, S. 420–431.

Waschkuhn, A. (1999), Kritischer Rationalismus, München.

Waschkuhn, A. (2000), Kritische Theorie, München.

Waschkuhn, A. (2003), Politische Utopien, München.

Verzeichnis der Verfasser

Baldus, Manfred
Dr. jur., Professor für Öffentliches Recht und Neuere Rechtsgeschichte an der Universität Erfurt; Mitglied des Thüringer Verfassungsgerichtshofs.

Backhaus, Jürgen
Dr. rer. pol., Dr. h.c., Krupp Stiftungsprofessur für Finanzwissenschaft und Finanzsoziologie an der Universität Erfurt.

Breier, Karl-Heinz
Dr. phil., habil., Privatdozent für Politische Bildung und Politische Ideenlehre an der Universität Kiel.

Peukert, Helge
Dr. rer. pol., Dr. phil., apl. Prof., am Lehrstuhl für Finanzwissenschaft und Finanzsoziologie an der Universität Erfurt.

Reese-Schäfer, Walter
Dr. phil., Professor für Politische Theorie und Ideengeschichte an der Universität Göttingen.

Strübel, Michael
Dr. phil., Professor für Internationale Beziehungen an der Universität Erfurt.

Thumfart, Alexander
Dr. phil., habil., Hochschuldozent für Politische Theorie an der Universität Erfurt.

FSC
www.fsc.org
MIX
Papier | Fördert
gute Waldnutzung
FSC® C083411

Kolibri 360 GmbH
Ferdinand-Jühlke-Straße 7
99095 Erfurt, Deutschland
produktsicherheit@kolibri360.de